J.-J. ROUSSEAU

LES CONFESSIONS

TOME DEUXIÈME

ÉDITION JOUAUST

Paris, 1881

LES CONFESSIONS

DE

J.-J. ROUSSEAU

LE PASSAGE DU GUÉ
(Confessions, Liv. IV)

J.-J. ROUSSEAU

LES CONFESSIONS

AVEC UNE PRÉFACE

PAR

MARC-MONNIER

Treize Eaux-fortes par Ed. Hédouin

TOME DEUXIÈME

PARIS

LIBRAIRIE DES BIBLIOPHILES

Rue Saint-Honoré, 338

M DCCC LXXXI

LES CONFESSIONS

PREMIÈRE PARTIE

LIVRE QUATRIÈME

(1731 — 1732)

J'ARRIVE, et je ne la trouve plus. Qu'on juge de ma surprise et de ma douleur! C'est alors que le regret d'avoir lâchement abandonné M. Le Maître commença de se faire sentir. Il fut plus vif encore quand j'appris le malheur qui lui étoit arrivé. Sa caisse de musique, qui contenoit toute sa fortune, cette précieuse caisse, sauvée avec tant de fatigue, avoit été saisie en arrivant à Lyon par les soins du comte Dortan, à qui le chapitre avoit fait écrire pour le prévenir de cet enlèvement furtif. Le Maître avoit en vain réclamé son bien, son gagne-pain, le travail de toute sa vie. La propriété de cette caisse étoit tout au moins sujette à litige : il n'y en eut point. L'affaire fut décidée à l'instant même par la loi du plus fort, et le pauvre Le Maître perdit ainsi le fruit de ses talens, l'ouvrage de sa jeunesse, et la ressource de ses vieux jours.

Il ne manqua rien au coup que je reçus pour le rendre accablant. Mais j'étois dans un âge où les grands chagrins ont peu de prise, et je me forgeai bientôt des consolations. Je comptois avoir dans peu des nouvelles de Mme de Warens, quoique je ne susse pas son adresse et qu'elle ignorât que j'étois de retour; et, quant à ma désertion, tout bien compté, je ne la trouvois pas si coupable. J'avois été utile à M. Le Maître dans sa retraite; c'étoit le seul service qui dépendît de moi. Si j'avois resté avec lui en France, je ne l'aurois pas guéri de son mal, je n'aurois pas sauvé sa caisse, je n'aurois fait que doubler sa dépense sans lui pouvoir être bon à rien. Voilà comment alors je voyois la chose; je la vois autrement aujourd'hui. Ce n'est pas quand une vilaine action vient d'être faite qu'elle nous tourmente, c'est quand longtemps après on se la rappelle : car le souvenir ne s'en éteint point.

Le seul parti que j'avois à prendre pour avoir des nouvelles de maman étoit d'en attendre : car où l'aller chercher à Paris, et avec quoi faire le voyage? Il n'y avoit point de lieu plus sûr qu'Annecy pour savoir tôt ou tard où elle étoit. J'y restai donc; mais je me conduisis assez mal. Je n'allai point voir l'évêque, qui m'avoit protégé et qui me pouvoit protéger encore : je n'avois plus ma patronne auprès de lui, et je craignois les réprimandes sur notre évasion. J'allai moins encore au séminaire. M. Gros n'y étoit plus. Je ne vis personne de ma connoissance; j'aurois pourtant bien voulu aller voir madame l'intendante, mais je n'osai jamais. Je fis plus mal que tout cela : je retrouvai M. Venture, auquel, malgré mon enthousiasme, je n'avois pas même pensé depuis mon départ. Je le retrouvai brillant, et fêté dans tout Annecy; les dames se l'arrachoient. Ce succès acheva de me tourner la tête; je ne vis plus rien que M. Venture, et il me fit presque oublier Mme de Warens. Pour profiter de ses leçons plus à mon aise, je lui proposai de partager avec moi son gîte; il y consentit. Il étoit logé chez un cordonnier, plaisant et bouffon personnage qui, dans son patois, n'appeloit pas sa femme autrement que *salopière,* nom qu'elle méritoit assez. Il avoit avec elle des prises que Venture avoit soin de faire durer en paroissant vouloir faire le contraire. Il leur disoit d'un ton froid, et dans son accent provençal, des mots qui faisoient le plus grand effet : c'étoient des scènes à pâmer de rire. Les matinées se passoient ainsi sans qu'on y songeât; à deux ou trois heures nous mangions un morceau; Venture s'en alloit dans ses sociétés, où il soupoit; et moi, j'allois me promener seul, méditant sur son grand mérite, admirant, convoitant ses rares talens, et maudissant ma maussade étoile qui ne m'appeloit point à cette heureuse vie. Eh! que je m'y connoissois mal! la mienne eût été cent fois plus charmante, si j'avois été moins bête et si j'en avois su mieux jouir.

Mme de Warens n'avoit emmené qu'Anet avec elle; elle avoit laissé Merceret, sa femme de chambre, dont j'ai parlé : je la trouvai occupant encore l'appartement de sa maîtresse. Mlle Merceret étoit une fille un peu plus âgée que moi, non pas jolie, mais assez agréable; une bonne Fribourgeoise sans malice, et à qui je n'ai connu d'autre défaut que d'être quelquefois un peu mutine avec sa maîtresse. Je l'allois voir assez souvent : c'étoit une ancienne connoissance, et sa vue m'en rappeloit une plus chère qui me la faisoit aimer. Elle avoit plusieurs amies, entre autres une Mlle Giraud, Genevoise, qui, pour mes péchés, s'avisa de prendre du goût pour moi. Elle pressoit toujours Merceret de m'amener chez elle : je m'y laissois mener, parce que j'aimois assez Merceret, et qu'il y avoit là d'autres jeunes personnes que je voyois volontiers. Pour Mlle Giraud, qui me faisoit toutes sortes d'agaceries, on ne peut rien ajouter à l'aversion que j'avois pour elle. Quand elle approchoit de mon visage son museau sec et noir barbouillé de tabac d'Espagne, j'avois peine à m'abstenir d'y cracher. Mais je prenois patience : à cela près, je me plaisois fort au milieu de toutes ces filles; et, soit pour faire leur cour à Mlle Giraud, soit pour moi-même, toutes me fêtoient à l'envi. Je ne voyois à tout cela que de l'amitié. J'ai pensé depuis qu'il n'eût tenu qu'à moi d'y voir davantage; mais je ne m'en avisois pas, je n'y pensois pas.

D'ailleurs des couturières, des filles de chambre, de petites marchandes, ne me tentoient guère : il me falloit des demoiselles. Chacun a ses fantaisies, ç'a toujours été la mienne, et je ne pense pas comme Horace sur ce point-là. Ce n'est pourtant pas du tout la vanité de l'état et du rang qui m'attire; c'est un teint mieux conservé, de plus belles mains, une parure plus gracieuse, un air de délicatesse et de propreté sur toute la personne, plus de goût dans la manière de se mettre et de s'exprimer, une robe plus fine et mieux faite, une chaussure plus mignonne, des rubans, de la dentelle, des cheveux mieux ajustés. Je préférerois toujours la moins jolie ayant plus de tout cela. Je trouve moi-même cette préférence très ridicule; mais mon cœur la donne malgré moi.

Hé bien, cet avantage se présentoit encore, et il ne tint encore qu'à moi d'en profiter. Que j'aime à tomber de temps en temps sur les momens agréables de ma jeunesse! Ils m'étoient si doux! ils ont été si courts, si rares, et je les ai goûtés à si bon marché! Ah! leur seul souvenir rend encore à mon cœur une volupté pure dont j'ai besoin pour ranimer mon courage et soutenir les ennuis du reste de mes ans.

L'aurore un matin me parut si belle que, m'étant habillé précipitamment, je me hâtai de gagner la campagne pour voir lever le soleil. Je goûtai ce plaisir dans tout son charme; c'étoit la semaine après la Saint-Jean. La terre, dans sa plus grande parure, étoit couverte d'herbe et de fleurs; les rossignols, presque à la fin de leur ramage, sembloient se plaire à le renforcer; tous les oiseaux, faisant en concert leurs adieux au printemps, chantoient la naissance d'un beau jour d'été, d'un de ces beaux jours qu'on ne voit plus à mon âge, et qu'on n'a jamais vu dans le triste sol où j'habite aujourd'hui.

Je m'étois insensiblement éloigné de la ville, la chaleur augmentoit, et je me promenois sous des ombrages dans un vallon le long d'un ruisseau. J'entends derrière moi des pas de chevaux et des voix de filles, qui sembloient embarrassées, mais qui n'en rioient pas de moins bon cœur. Je me retourne; on m'appelle par mon nom; j'approche, je trouve deux jeunes personnes de ma connoissance, Mlle de Graffenried et Mlle Galley, qui, n'étant pas d'excellentes cavalières, ne savoient comment forcer leurs chevaux à passer le ruisseau. Mlle de Graffenried étoit une jeune Bernoise fort aimable, qui, par quelque folie de son âge, ayant été jetée hors de son pays, avoit imité Mme de Warens, chez qui je l'avois vue quelquefois; mais, n'ayant pas eu une pension comme elle, elle avoit été trop heureuse de s'attacher à Mlle Galley, qui, l'ayant prise en amitié, avoit engagé sa mère à la lui donner pour compagne jusqu'à ce qu'on la pût placer de quelque façon. Mlle Galley, d'un an plus jeune qu'elle, étoit encore plus jolie ; elle avoit je ne sais quoi de plus délicat, de plus fin ; elle étoit en même temps très mignonne et très formée, ce qui est pour une fille le plus beau moment. Toutes deux s'aimoient tendrement, et leur bon caractère à l'une et à l'autre ne pouvoit qu'entretenir longtemps cette union, si quelque amant ne venoit pas la déranger. Elles me dirent qu'elles alloient à Toune, vieux château appartenant à Mme Galley ; elles implorèrent mon secours pour faire passer leurs chevaux, n'en pouvant venir à bout elles seules. Je voulus fouetter les chevaux ; mais elles craignoient pour moi les ruades et pour elles les haut-le-corps. J'eus recours à un autre expédient : je pris par la bride le cheval de Mlle Galley, puis, le tirant après moi, je traversai le ruisseau ayant de l'eau jusqu'à mi-jambes, et l'autre cheval suivit sans difficulté. Cela fait, je voulus saluer ces demoiselles et m'en aller comme un benêt : elles se dirent quelques mots tout bas ; et Mlle de Graffenried, s'adressant à moi : « Non pas, non pas, me dit-elle, on ne nous échappe pas comme cela. Vous vous êtes mouillé pour notre service, et nous devons en conscience avoir soin de vous sécher : il faut, s'il vous plaît, venir avec nous, nous vous arrêtons prisonnier. » Le cœur me battoit ; je regardois Mlle Galley. « Oui, oui, ajouta-t-elle en riant de ma mine effarée, prisonnier de guerre ; montez en croupe derrière elle, nous voulons rendre compte de vous. — Mais, Mademoiselle, je n'ai point l'honneur d'être connu de madame votre mère : que dira-t-elle en me voyant arriver? — Sa mère, reprit Mlle de Graffenried, n'est pas à Toune, nous sommes seules : nous revenons ce soir, et vous reviendrez avec nous. »

L'effet de l'électricité n'est pas plus prompt que celui que ces mots firent sur moi. En m'élançant sur le cheval de Mlle de Graffenried je tremblois de joie ; et, quand il fallut l'embrasser pour me tenir, le cœur me battoit si fort qu'elle s'en aperçut ; elle me dit que le sien lui battoit aussi, par la frayeur de tomber ; c'étoit presque, dans ma posture, une invitation de vérifier la chose : je n'osai jamais ; et durant tout le trajet mes deux bras lui servirent de ceinture, très serrée à la vérité, mais sans se déplacer un moment. Telle femme qui lira ceci me souffletteroit volontiers, et n'auroit pas tort.

La gaieté du voyage et le babil de ces filles aiguisèrent tellement le mien que jusqu'au soir, et tant que nous fûmes ensemble, nous ne déparlâmes pas un moment. Elles m'avoient mis si bien à mon aise que ma langue parloit autant que mes yeux, quoiqu'elle ne dît pas les mêmes choses. Quelques instants seulement, quand je me trouvois tête à tête avec l'une ou l'autre, l'entretien s'embarrassoit un peu ; mais l'absente revenoit bien vite, et ne nous laissoit pas le temps d'éclaircir cet embarras.

Arrivés à Toune, et moi bien séché, nous déjeunâmes. Ensuite il fallut procéder à l'importante affaire de préparer le dîner. Les deux demoiselles, tout en cuisinant, baisoient de temps en temps les enfans de la grangère ; et le pauvre marmiton regardoit faire en rongeant son frein. On avoit envoyé des provisions de la ville, et il y avoit de quoi faire un très bon dîner, surtout en friandises ; mais malheureusement on avoit oublié du vin. Cet oubli n'étoit pas étonnant pour des filles qui n'en buvoient guère ; mais j'en fus fâché, car j'avois un peu compté sur ce secours pour m'enhardir. Elles en furent fâchées aussi, par la même raison peut-être ; mais je n'en crois rien. Leur gaieté vive et charmante étoit l'innocence même ; et d'ailleurs qu'eussent-elles fait de moi entre elles deux ? Elles envoyèrent chercher du vin partout aux environs : on n'en trouva point, tant les paysans de ce canton sont sobres et pauvres. Comme elles m'en marquoient leur chagrin, je leur dis de n'en pas être si fort en peine, et qu'elles n'avoient pas besoin de vin pour m'enivrer. Ce fut la seule galanterie que j'osai leur dire de la journée ; mais je crois que les friponnes voyoient de reste que cette galanterie étoit une vérité.

Nous dînâmes dans la cuisine de la grangère,

les deux amies assises sur des bancs aux deux côtés de la longue table, et leur hôte entre elles deux sur une escabelle à trois pieds. Quel dîner! quel souvenir plein de charmes! Comment, pouvant à si peu de frais goûter des plaisirs si purs et si vrais, vouloir en rechercher d'autres? Jamais souper des petites maisons de Paris n'approcha de ce repas, je ne dis pas seulement pour la gaieté, pour la douce joie, mais je dis pour la sensualité.

Après le dîner nous fîmes une économie : au lieu de prendre le café qui nous restoit du déjeuner, nous le gardâmes pour le goûter avec de la crème et des gâteaux qu'elles avoient apportés; et, pour tenir notre appétit en haleine, nous allâmes dans le verger achever notre dessert avec des cerises. Je montai sur l'arbre, et je leur en jetois des bouquets dont elles me rendoient les noyaux à travers les branches. Une fois Mlle Galley, avançant son tablier et reculant la tête, se présentoit si bien et je visai si juste que je lui fis tomber un bouquet dans le sein; et de rire. Je me disois en moi-même : « Que mes lèvres ne sont-elles des cerises! comme je les leur jetterois ainsi de bon cœur! »

La journée se passa de cette sorte à folâtrer avec la plus grande liberté, et toujours avec la plus grande décence. Pas un seul mot équivoque, pas une seule plaisanterie hasardée; et cette décence, nous ne nous l'imposions point du tout, elle venoit toute seule, nous prenions le ton que nous donnoient nos cœurs. Enfin ma modestie (d'autres diront ma sottise) fut telle que la plus grande privauté qui m'échappa fut de baiser une seule fois la main de Mlle Galley. Il est vrai que la circonstance donnoit du prix à cette légère faveur. Nous étions seuls, je respirois avec embarras, elle avoit les yeux baissés : ma bouche, au lieu de trouver des paroles, s'avisa de se coller sur sa main, qu'elle retira doucement après qu'elle fut baisée, en me regardant d'un air qui n'étoit point irrité. Je ne sais ce que j'aurois pu lui dire : son amie entra, et me parut laide en ce moment.

Enfin elles se souvinrent qu'il ne falloit pas attendre la nuit pour rentrer en ville. Il ne nous restoit que le temps qu'il falloit pour arriver de jour, et nous nous hâtâmes de partir en nous distribuant comme nous étions venus. Si j'avois osé, j'aurois transposé cet ordre : car le regard de Mlle Galley m'avoit vivement ému le cœur ; mais je n'osai rien dire, et ce n'étoit pas à elle de le proposer. En marchant nous disions que la journée avoit tort de finir ; mais, loin de nous plaindre qu'elle eût été courte, nous trouvâmes que nous avions eu le secret de la faire longue par tous les amusemens dont nous avions su la remplir.

Je les quittai à peu près au même endroit où elles m'avoient pris. Avec quel regret nous nous séparâmes ! avec quel plaisir nous projetâmes de nous revoir ! Douze heures passées ensemble nous valoient des siècles de familiarité. Le doux souvenir de cette journée ne coûtoit rien à ces aimables filles ; la tendre union qui régnoit entre nous trois valoit des plaisirs plus vifs, et n'eût pu subsister avec eux : nous nous aimions sans mystère et sans honte, et nous voulions nous aimer toujours ainsi. L'innocence des mœurs a sa volupté, qui vaut bien l'autre, parce qu'elle n'a point d'intervalle et qu'elle agit continuellement. Pour moi, je sais que la mémoire d'un si beau jour me touche plus, me charme plus, me revient plus au cœur que celle d'aucuns plaisirs que j'aie goûtés en ma vie. Je ne savois pas trop bien ce que je voulois à ces deux charmantes personnes, mais elles m'intéressoient beaucoup toutes deux. Je ne dis pas que, si j'eusse été le maître de mes arrangemens, mon cœur se seroit partagé ; j'y sentois un peu de préférence. J'aurois fait mon bonheur d'avoir pour maîtresse Mlle de Graffenried ; mais, à choix, je crois que je l'aurois mieux aimée pour confidente. Quoi qu'il en soit, il me sembloit en les quittant que je ne pourrois plus vivre sans l'une et sans l'autre. Qui m'eût dit que je ne les reverrois de ma vie et que là finiroient nos éphémères amours ?

Ceux qui liront ceci ne manqueront pas de rire de mes aventures galantes, en remarquant qu'après beaucoup de préliminaires les plus avancées finissent par baiser la main. O mes lecteurs, ne vous y trompez pas. J'ai peut-être eu plus de plaisir dans mes amours en finissant par cette main baisée que vous n'en aurez jamais dans les vôtres en commençant tout au moins par là.

Venture, qui s'étoit couché fort tard la veille, rentra peu de temps après moi. Pour cette fois je ne le vis pas avec le même plaisir qu'à l'ordinaire, et je me gardai de lui dire comment j'avois passé ma journée. Ces demoiselles m'avoient parlé de lui avec peu d'estime, et m'avoient paru mécontentes de me savoir en si mauvaises mains : cela lui fit tort dans mon esprit ; d'ailleurs, tout ce qui me distrayoit d'elles ne pouvoit que m'être désagréable. Cependant il me rappela bientôt à lui et à moi en me parlant de ma situation. Elle étoit trop critique pour pouvoir durer. Quoique je dépensasse très peu de chose, mon petit pécule achevoit de s'épuiser ; j'étois sans ressource. Point de nouvelles de maman ; je ne savois que devenir, et je sentois un cruel serrement de cœur de voir l'ami de Mlle Galley réduit à l'aumône.

Venture me dit qu'il avoit parlé de moi à monsieur le juge-mage, qu'il vouloit m'y mener dîner le lendemain ; que c'étoit un homme en état de me rendre service par ses amis ; d'ailleurs une bonne connoissance à faire, un homme d'esprit et de lettres, d'un commerce fort agréable, qui avoit des talens et qui les aimoit ; puis mêlant, à son ordinaire, aux choses les plus sérieuses la plus mince frivolité, il me fit voir un joli couplet, venu de Paris, sur un air d'un opéra de Mouret qu'on jouoit alors. Ce couplet avoit plu si fort à M. Simon (c'était le nom du juge-mage) qu'il vouloit en faire un autre en réponse sur le même air; il avoit dit à Venture d'en faire aussi un; et la folie prit à celui-ci de m'en faire faire un troisième, afin, disoit-il, qu'on vît les couplets arriver le lendemain comme les brancards du *Roman comique*.

La nuit, ne pouvant dormir, je fis comme je pus mon couplet. Pour les premiers vers que j'eusse faits ils étoient passables, meilleurs même, ou du moins faits avec plus de goût qu'ils n'auroient été la veille, le sujet roulant sur une situation fort tendre, à laquelle mon cœur étoit déjà tout disposé. Je montrai le matin mon couplet à Venture, qui, le trouvant joli, le mit dans sa poche sans me dire s'il avoit fait le sien. Nous allâmes dîner chez M. Simon, qui nous reçut bien. La conversation fut agréable : elle ne pouvoit manquer de l'être entre deux hommes d'esprit, à qui la lecture avoit profité. Pour moi, je faisois mon rôle, j'écoutois et je me taisois. Ils ne parlèrent de couplet ni l'un ni l'autre; je n'en parlai point non plus, et jamais, que je sache, il n'a été question du mien.

M. Simon parut content de mon maintien : c'est à peu près tout ce qu'il vit de moi dans cette entrevue. Il m'avoit déjà vu plusieurs fois chez Mme de Warens, sans faire une grande attention à moi. Ainsi c'est depuis ce dîner que je puis dater sa connoissance, qui ne me servit de rien pour l'objet qui me l'avoit fait faire, mais dont je tirai dans la suite d'autres avantages qui me font rappeler sa mémoire avec plaisir.

J'aurois tort de ne pas parler de sa figure, que, sur sa qualité de magistrat et sur le bel esprit dont il se piquoit, on n'imagineroit pas, si je n'en disois rien. M. le juge-mage Simon n'avoit assurément pas deux pieds de haut. Ses jambes, droites, menues et même assez longues, l'auroient agrandi, si elles eussent été verticales; mais elles posoient de biais comme celles d'un compas très ouvert. Son corps étoit non-seulement court, mais mince, et en tout sens d'une petitesse inconcevable. Il devoit paroître une sauterelle quand il étoit nu. Sa tête, de grandeur naturelle, avec un visage bien formé, l'air noble, d'assez beaux yeux, sembloit une tête postiche qu'on auroit plantée sur un moignon. Il eût pu s'exempter de faire de la dépense en parure, car sa grande perruque seule l'habilloit parfaitement de pied en cap.

Il avoit deux voix toutes différentes, qui s'entremêloient sans cesse dans sa conversation avec un contraste d'abord très plaisant, mais bientôt très désagréable. L'une étoit grave et sonore; c'étoit, si j'ose ainsi parler, la voix de sa tête. L'autre, claire, aiguë et perçante, étoit la voix de son corps. Quand il s'écoutoit beaucoup, qu'il parloit très-posément, qu'il ménageoit son haleine, il pouvoit parler toujours de sa grosse voix; mais, pour peu qu'il s'animât et qu'un accent plus vif vînt se présenter, cet accent devenoit comme le sifflement d'une clef, et il avoit toute la peine du monde à reprendre sa basse.

Avec la figure que je viens de peindre, et qui n'est point chargée, M. Simon étoit galant, grand conteur de fleurettes, et poussoit jusqu'à la coquetterie le soin de son ajustement. Comme il cherchoit à prendre ses avantages, il donnoit volontiers ses audiences du matin dans son lit : car, quand on voyoit sur l'oreiller une belle tête, personne n'alloit s'imaginer que c'étoit là tout. Cela donnoit lieu quelquefois à des scènes dont je suis sûr que tout Annecy se souvient encore.

Un matin qu'il attendoit dans ce lit, ou plutôt sur ce lit, les plaideurs, en belle coiffe de nuit bien fine et bien blanche, ornée de deux grosses bouffettes de ruban couleur de rose, un paysan arrive, heurte à la porte. La servante étoit sortie. Monsieur le juge-mage, entendant redoubler, crie : « Entrez » ; et cela, comme dit un peu trop fort, partit de sa voix aiguë. L'homme entre, il cherche d'où vient cette voix de femme ; et, voyant dans ce lit une cornette, une fontange, il veut ressortir en faisant à madame de grandes excuses. M. Simon se fâche et n'en crie que plus clair. Le paysan, confirmé dans son idée et se croyant insulté, lui chante pouille, lui dit qu'apparemment elle n'est qu'une coureuse, et que monsieur le juge-mage ne donne guère bon exemple chez lui. Le juge-mage, furieux et n'ayant pour toute arme que son pot de chambre, alloit le jeter à la tête de ce pauvre homme, quand sa gouvernante arriva.

Ce petit nain, si disgracié dans son corps par la nature, en avoit été dédommagé du côté de l'esprit : il l'avoit naturellement agréable, et il avoit pris soin de l'orner. Quoiqu'il fût, à ce qu'on disoit, assez bon jurisconsulte, il n'aimoit pas son métier. Il s'étoit jeté dans la belle littérature, et il y avoit réussi. Il en avoit pris surtout cette brillante superficie, cette fleur qui jette de l'agrément dans le commerce, même avec les femmes. Il savoit par cœur tous les petits traits des *ana* et autres semblables; il avoit l'art de les faire valoir, en contant avec intérêt, avec mystère, et comme une anecdote de la veille, ce qui s'étoit passé il y avoit soixante ans. Il savoit la musique, et chantoit agréablement de sa voix d'homme; enfin il avoit beaucoup de jolis talens pour un magistrat. A force de cajoler les dames d'Annecy, il s'étoit mis à la mode parmi elles; elles l'avoient à leur suite comme un petit sapajou. Il prétendoit même à des bonnes fortunes, et cela les amusoit beaucoup. Une Mme d'Épagny disoit que pour lui la dernière faveur étoit de baiser une femme au genou.

Comme il connoissoit les bons livres, et qu'il en parloit volontiers, sa conversation étoit non-seulement amusante, mais instructive. Dans la suite, lorsque j'eus pris du goût pour l'étude, je cultivai sa connoissance, et je m'en trouvai très bien. J'allois quelquefois le voir de Chambéri, où j'étois alors. Il louoit, animoit mon émulation, et me donnoit pour mes lectures de bons avis, dont j'ai souvent fait mon profit. Malheureusement dans ce corps si fluet logeoit une âme très sensible. Quelques années après il eut je ne sais quelle mauvaise affaire qui le chagrina, et il en mourut. Ce fut dommage ; c'étoit assurément un bon petit homme, dont on commençoit par rire, et qu'on finissoit par aimer. Quoique sa vie ait été peu liée à la mienne, comme j'ai reçu de lui des leçons utiles, j'ai cru pouvoir, par reconnoissance, lui consacrer un petit souvenir.

Sitôt que je fus libre, je courus dans la rue de Mlle Galley, me flattant de voir entrer ou sortir quelqu'un, ou du moins ouvrir quelque fenêtre. Rien ; pas un chat ne parut, et tout le temps que je fus là la maison demeura aussi close que si elle n'eût point été habitée. La rue étoit petite et déserte, un homme s'y remarquoit ; de temps en temps quelqu'un passoit, entroit ou sortoit au voisinage. J'étois fort embarrassé de ma figure : il me sembloit qu'on devinoit pourquoi j'étois là ; et cette idée me mettoit au supplice, car j'ai toujours préféré à mes plaisirs l'honneur et le repos de celles qui m'étoient chères.

Enfin, las de faire l'amant espagnol et n'ayant point de guitare, je pris le parti d'aller écrire à Mlle de Graffenried. J'aurois préféré d'écrire à son amie ; mais je n'osois, et il convenoit de commen-

cer par celle à qui je devois la connoissance de
l'autre, et avec qui j'étois plus familier. Ma lettre
faite, j'allai la porter à Mlle Giraud, comme j'en
étois convenu avec ces demoiselles en nous sépa-
rant. Ce furent elles qui me donnèrent cet expédient. Mlle Giraud étoit contre-pointière, et,
travaillant quelquefois chez Mme Galley, elle avoit
l'entrée de sa maison. La messagère ne me parut
pourtant pas trop bien choisie ; mais j'avois peur,
si je faisois des difficultés sur celle-là, qu'on ne
m'en proposât point d'autre. De plus, je n'osai
dire qu'elle vouloit travailler pour son compte. Je
me sentois humilié qu'elle osât se croire pour moi
du même sexe que ces demoiselles. Enfin j'aimois
mieux cet entrepôt-là que point, et je m'y tins à
tout risque.

Au premier mot la Giraud me devina : cela n'é-
toit pas difficile. Quand une lettre à porter à de
jeunes filles n'auroit pas parlé d'elle-même, mon
air sot et embarrassé m'auroit seul décelé. On peut
croire que cette commission ne lui donna pas grand
plaisir à faire ; elle s'en chargea toutefois, et l'exécuta fidèlement. Le lendemain matin je courus chez
elle, et j'y trouvai ma réponse. Comme je me pressai
de sortir pour l'aller lire et baiser à mon aise ! cela
n'a pas besoin d'être dit ; mais ce qui en a besoin
davantage, c'est le parti que prit Mlle Giraud, et
où j'ai trouvé plus de délicatesse et de modération
que je n'en aurois attendu d'elle. Ayant assez de
bon sens pour voir qu'avec ses trente-sept ans,

ses yeux de lièvre, son nez barbouillé, sa voix aigre et sa peau noire, elle n'avoit pas beau jeu contre deux jeunes personnes pleines de grâces et dans tout l'éclat de la beauté, elle ne voulut ni les trahir ni les servir, et aima mieux me perdre que de me ménager pour elles.

1732. — Il y avoit déjà quelque temps que la Merceret, n'ayant aucune nouvelle de sa maîtresse, songeoit à s'en retourner à Fribourg : elle l'y détermina tout à fait. Elle fit plus, elle lui fit entendre qu'il seroit bien que quelqu'un la conduisît chez son père, et me proposa. La petite Merceret, à qui je ne déplaisois pas non plus, trouva cette idée fort bonne à exécuter. Elles m'en parlèrent dès le même jour comme d'une affaire arrangée ; et, comme je ne trouvois rien qui me déplût dans cette manière de disposer de moi, j'y consentis, regardant ce voyage comme une affaire de huit jours tout au plus. La Giraud, qui ne pensoit pas de même, arrangea tout. Il fallut bien avouer l'état de mes finances. On y pourvut : la Merceret se chargea de me défrayer ; et, pour regagner d'un côté ce qu'elle dépensoit de l'autre, à ma prière on décida qu'elle enverroit devant son petit bagage, et que nous irions à pied à petites journées. Ainsi fut fait.

Je suis fâché de faire tant de filles amoureuses de moi ; mais, comme il n'y a pas de quoi être bien vain du parti que j'ai tiré de tous ces amours-là, je crois pouvoir dire la vérité sans scrupule. La Merceret, plus jeune et moins déniaisée que la Giraud, ne m'a jamais fait des agaceries aussi vives ; mais elle imitoit mes tons, mes accens, redisoit mes mots, avoit pour moi les attentions que j'aurois dû avoir pour elle, et prenoit toujours grand soin, comme elle étoit fort peureuse, que nous couchassions dans la même chambre ; identité qui se borne rarement là dans un voyage entre un garçon de vingt ans et une fille de vingt-cinq.

Elle s'y borna pourtant cette fois. Ma simplicité fut telle que, quoique la Merceret ne fût pas désagréable, il ne me vint pas même à l'esprit, durant tout le voyage, je ne dis pas la moindre tentation galante, mais même la moindre idée qui s'y rapportât ; et, quand cette idée me seroit venue, j'étois trop sot pour en savoir profiter. Je n'imaginois pas comment une fille et un garçon parvenoient à coucher ensemble ; je croyois qu'il falloit des siècles pour préparer ce terrible arrangement. Si la pauvre Merceret, en me défrayant, comptoit sur quelque équivalent, elle en fut la dupe ; et nous arrivâmes à Fribourg exactement comme nous étions partis d'Annecy.

En passant à Genève je n'allai voir personne, mais je fus prêt à me trouver mal sur les ponts. Jamais je n'ai vu les murs de cette heureuse ville, jamais je n'y suis entré, sans sentir une certaine défaillance de cœur qui venoit d'un excès d'attendrissement. En même temps que la noble image de la liberté m'élevoit l'âme, celles de l'égalité, de l'union, de la douceur des mœurs, me touchoient jusqu'aux larmes et m'inspiroient un vif regret d'avoir perdu tous ces biens. Dans quelle erreur j'étois, mais qu'elle étoit naturelle! Je croyois voir tout cela dans ma patrie, parce que je le portois dans mon cœur.

Il falloit passer à Nyon. Passer sans voir mon bon père! Si j'avois eu ce courage, j'en serois mort de regret. Je laissai la Merceret à l'auberge, et je l'allai voir à tout risque. Eh! que j'avois tort de le craindre! Son âme à mon abord s'ouvrit aux sentimens paternels dont elle étoit pleine. Que de pleurs nous versâmes en nous embrassant! Il crut d'abord que je revenois à lui. Je lui fis mon histoire, et je lui dis ma résolution. Il la combattit foiblement. Il me fit voir les dangers auxquels je m'exposois, me dit que les plus courtes folies étoient les meilleures. Du reste, il n'eut pas même la tentation de me retenir de force; et en cela je trouve qu'il eut raison; mais il est certain qu'il ne fit pas, pour me ramener, tout ce qu'il auroit pu faire, soit qu'après le pas que j'avois fait il jugeât lui-même que je n'en devois pas revenir, soit qu'il fût embarrassé peut-être à savoir ce qu'à mon âge il pourroit faire de moi. J'ai su depuis qu'il eut de ma compagne de voyage une opinion bien injuste et bien éloignée de la vérité, mais du reste assez naturelle. Ma belle-mère, bonne femme, un peu mielleuse, fit semblant de vouloir me retenir à souper. Je ne restai point, mais je leur dis que je comptois m'arrêter avec eux plus longtemps au retour, et je leur laissai en dépôt mon petit paquet, que j'avois fait venir par le bateau, et dont j'étois embarrassé. Le lendemain je partis de bon matin, bien content d'avoir vu mon père et d'avoir osé faire mon devoir.

Nous arrivâmes heureusement à Fribourg. Sur la fin du voyage, les empressemens de Mlle Merceret diminuèrent un peu. Après notre arrivée elle ne me marqua plus que de la froideur; et son père, qui ne nageoit pas dans l'opulence, ne me fit pas non plus un bien grand accueil : j'allai loger au cabaret. Je les fus voir le lendemain; ils m'offrirent à dîner; je l'acceptai. Nous nous séparâmes sans pleurs; je retournai le soir à ma gargotte, et je repartis le surlendemain de mon arrivée, sans trop savoir où j'avois dessein d'aller.

Voilà encore une circonstance de ma vie où la Providence m'offroit précisément ce qu'il me falloit pour couler des jours heureux. La Merceret étoit une très bonne fille, point brillante, point belle, mais point laide non plus; peu vive, fort raisonnable, à quelques petites humeurs près, qui se passoient à pleurer, et qui n'avoient jamais de suite orageuse. Elle avoit un vrai goût pour moi; j'aurois pu l'épouser sans peine, et suivre le métier de son père. Mon goût pour la musique me l'auroit fait aimer. Je me serois établi à Fribourg, petite ville peu jolie, mais peuplée de bonnes gens. J'aurois perdu sans doute de grands plaisirs, mais j'aurois vécu en paix jusqu'à ma dernière heure; et je dois savoir mieux que personne qu'il n'y avoit pas à balancer sur ce marché.

Je revins, non pas à Nyon, mais à Lausanne. Je voulois me rassasier de la vue de ce beau lac qu'on voit là dans sa plus grande étendue. La plupart de mes secrets motifs déterminans n'ont pas été plus solides. Des vues éloignées ont rarement assez de force pour me faire agir. L'incertitude de l'avenir m'a toujours fait regarder les projets de longue exécution comme des leurres de dupe. Je me livre à l'espoir comme un autre, pourvu qu'il ne me coûte rien à nourrir; mais, s'il faut prendre longtemps de la peine, je n'en suis plus. Le moindre petit plaisir qui s'offre à ma portée me tente plus que les joies du paradis. J'excepte pourtant le plaisir que la peine doit suivre : celui-là ne me tente pas, parce que je n'aime que des jouissances pures, et que jamais on n'en a de telles quand on sait qu'on s'apprête un repentir.

J'avois grand besoin d'arriver en quelque lieu que ce fût, et le plus proche étoit le mieux : car, m'étant égaré dans ma route, je me trouvai le soir à Moudon, où je dépensai le peu qui me restoit, hors dix creutzer, qui partirent le lendemain à la dînée; et, arrivé le soir à un petit village auprès de Lauzanne, j'y entrai dans un cabaret sans un sou pour payer ma couchée et sans savoir que devenir.

J'avois grand'faim ; je fis bonne contenance, et je demandai à souper, comme si j'eusse eu de quoi bien payer. J'allai me coucher sans songer à rien, je dormis tranquillement ; et, après avoir déjeuné le matin et compté avec l'hôte, je voulus, pour sept batz à quoi montoit ma dépense, lui laisser ma veste en gage. Ce brave homme la refusa, et me dit que grâce au Ciel il n'avoit jamais dépouillé personne ; qu'il ne vouloit pas commencer pour sept batz, que je gardasse ma veste, et que je le payerois quand je pourrois. Je fus touché de sa bonté, mais moins que je ne devois l'être, et que je ne l'ai été depuis en y repensant. Je ne tardai guère à lui renvoyer son argent avec des remercîmens par un homme sûr ; mais quinze ans après, repassant par Lausanne, à mon retour d'Italie, j'eus un vrai regret d'avoir oublié le nom du cabaret et de l'hôte. Je l'aurois été voir ; je me serois fait un vrai plaisir de lui rappeler sa bonne œuvre, et de lui prouver qu'elle n'avoit pas été mal placée. Des services plus importans sans doute, mais rendus avec plus d'ostentation, ne m'ont pas paru si dignes de reconnoissance que l'humanité simple et sans éclat de cet honnête homme.

En approchant de Lausanne je rêvois à la détresse où je me trouvois, au moyen de m'en tirer sans aller montrer ma misère à ma belle-mère ; et je me comparois, dans ce pèlerinage pédestre, à mon ami Venture arrivant à Annecy. Je m'échauffai si bien de cette idée que, sans songer que je n'avois ni sa gentillesse ni ses talens, je me mis en tête de faire à Lausanne le petit Venture, d'enseigner la musique, que je ne savois pas, et de me dire de Paris, où je n'avois jamais été. En conséquence de ce beau projet, comme il n'y avoit point là de maîtrise où je pusse vicarier, et que d'ailleurs je n'avois garde d'aller me fourrer parmi les gens de l'art, je commençai par m'informer d'une petite auberge où l'on pût être assez bien et à bon marché. On m'enseigna un nommé Perrotet, qui tenoit des pensionnaires. Ce Perrotet se trouva être le meilleur homme du monde, et me reçut fort bien. Je lui contai mes petits mensonges comme je les avois arrangés. Il me promit de parler de moi et de tâcher de me procurer des écoliers ; il me dit qu'il ne me demanderoit de l'argent que quand j'en aurois gagné. Sa pension étoit de cinq écus blancs ; ce qui étoit peu pour la chose, mais beaucoup pour moi. Il me conseilla de ne me mettre d'abord qu'à la demi-pension, qui consistoit pour le dîner en une bonne soupe, et rien de plus, mais bien à souper le soir. J'y consentis. Ce pauvre Perrotet me fit toutes ces avances du meilleur cœur du monde, et n'épargnoit rien pour m'être utile.

Pourquoi faut-il qu'ayant trouvé tant de bonnes gens dans ma jeunesse, j'en trouve si peu dans un âge avancé? Leur race est-elle épuisée? Non ; mais l'ordre où j'ai besoin de les chercher aujourd'hui n'est plus le même où je les trouvois alors. Parmi le peuple, où les grandes passions ne parlent que par intervalles, les sentimens de la nature se font plus souvent entendre. Dans les états plus élevés ils sont étouffés absolument, et, sous le masque du sentiment, il n'y a jamais que l'intérêt ou la vanité qui parle.

J'écrivis de Lausanne à mon père, qui m'envoya mon paquet, et me marqua d'excellentes choses dont j'aurois dû mieux profiter. J'ai déjà noté des momens de délire inconcevables où je n'étois plus moi-même. En voici encore un des plus marqués. Pour comprendre à quel point la tête me tournoit alors, à quel point je m'étois pour ainsi dire venturisé, il ne faut que voir combien tout à la fois j'accumulai d'extravagances. Me voilà maître à chanter sans savoir déchiffrer un air : car, quand les six mois que j'avois passés avec Le Maître m'auroient profité, jamais ils n'auroient pu suffire ; mais, outre cela, j'apprenois d'un maître : c'en étoit assez pour apprendre mal. Parisien de Genève, et catholique en pays protestant, je crus devoir changer mon nom, ainsi que ma religion et ma patrie. Je m'approchois toujours de mon grand modèle autant qu'il m'étoit possible. Il s'étoit appelé Venture de Villeneuve, moi, je fis l'anagramme du nom de Rousseau dans celui de Vaussore, et je m'appelai Vaussore de Villeneuve. Venture savoit la composition, quoiqu'il n'en eût rien dit ; moi, sans la savoir, je m'en vantai à tout le monde, et, sans pouvoir noter le moindre vaudeville, je me donnai pour compositeur. Ce n'est pas tout : ayant été présenté à M. de Treytorens, professeur en droit, qui aimoit la musique et faisoit des concerts chez lui, je voulus lui donner un échantillon de mon talent, et je me mis à composer une pièce pour son concert, aussi effrontément que si j'avois su comment m'y prendre. J'eus la constance de travailler pendant quinze jours à ce bel ouvrage, de le mettre au net, d'en tirer les parties, et de les distribuer avec autant d'assurance que si c'eût été un chef-d'œuvre d'harmonie. Enfin, ce qu'on aura peine à croire et qui est très vrai, pour couronner dignement cette sublime production, je mis à la fin un joli menuet, qui couroit les rues, et que tout le monde se rappelle peut-être encore, sur ces paroles jadis si connues :

> Quel caprice !
> Quelle injustice !
> Quoi ! ta Clarice
> Trahiroit tes feux ! etc.

Venture m'avoit appris cet air avec la basse sur d'autres paroles infâmes, à l'aide desquelles je l'avois retenu. Je mis donc à la fin de ma composition ce menuet et sa basse, en supprimant les paroles, et je le donnai pour être de moi, tout aussi résolûment que si j'avois parlé à des habitans de la lune.

On s'assemble pour exécuter ma pièce. J'explique à chacun le genre du mouvement, le goût de l'exécution, les renvois des parties; j'étois fort affairé. On s'accorde pendant cinq ou six minutes, qui furent pour moi cinq ou six siècles. Enfin, tout étant prêt, je frappe avec un beau rouleau de papier sur mon pupitre magistral les cinq ou six coups du *Prenez garde à vous*. On fait silence; je me mets gravement à battre la mesure. On commence... Non, depuis qu'il existe des opéras françois, de la vie on n'ouït un semblable charivari. Quoi qu'on eût pu penser de mon prétendu talent, l'effet fut pire que tout ce qu'on sembloit attendre. Les musiciens étouffoient de rire; les auditeurs ouvroient de grands yeux et auroient bien voulu fermer les oreilles; mais il n'y avoit pas moyen. Mes bourreaux de symphonistes, qui vouloient s'égayer, racloient à percer le tympan d'un quinze-vingt. J'eus la constance d'aller toujours mon train, suant, il est vrai, à grosses gouttes, mais retenu par la honte, n'osant m'enfuir et tout planter là. Pour ma consolation, j'entendois autour de moi les assistans se dire à leur oreille, ou plutôt à la mienne, l'un : « Il n'y a rien là de supportable »; un autre : « Quelle musique enragée! » un autre : « Quel diable de sabbat! » Pauvre Jean-Jacques, dans ce cruel moment, tu n'espérois guère qu'un jour, devant le roi de France et toute sa cour, tes sons exciteroient des murmures de surprise et d'applaudissement, et que, dans toutes les loges autour de toi, les plus aimables femmes se diroient à demi-voix : « Quels sons charmans! quelle musique enchanteresse! tous ces chants-là vont au cœur! »

Mais ce qui mit tout le monde de bonne humeur fut le menuet. A peine en eut-on joué quelques mesures, que j'entendis partir de toutes parts les éclats de rire. Chacun me félicitoit sur mon joli goût de chant; on m'assuroit que ce menuet feroit parler de moi, et que je méritois d'être chanté partout. Je n'ai pas besoin de dépeindre mon angoisse, ni d'avouer que je la méritois bien.

Le lendemain, l'un de mes symphonistes, appelé Lutold, vint me voir, et fut assez bonhomme pour ne pas me féliciter sur mon succès. Le profond sentiment de ma sottise, la honte, le regret, le désespoir de l'état où j'étois réduit, l'impossibilité de tenir mon cœur fermé dans ses grandes peines, me firent ouvrir à lui; je lâchai la bonde à mes larmes; et, au lieu de me contenter de lui avouer mon ignorance, je lui dis tout, en lui demandant le secret, qu'il me promit, et qu'il me garda comme on peut le croire. Dès le même soir tout Lausanne sut qui j'étois; et, ce qui est remarquable, personne ne m'en fit semblant, pas même le bon Perrotet, qui pour tout cela ne se rebuta pas de me loger et de me nourrir.

Je vivois, mais bien tristement. Les suites d'un pareil début ne firent pas pour moi de Lausanne un séjour fort agréable. Les écoliers ne se présentoient pas en foule; pas une seule écolière, et personne de la ville. J'eus en tout deux ou trois gros

Teutches, aussi stupides que j'étois ignorant, qui m'ennuyoient à mourir, et qui, dans mes mains, ne devinrent pas de grands croque-notes. Je fus appelé dans une seule maison, où un petit serpent de fille se donna le plaisir de me montrer beaucoup de musique dont je ne pus pas lire une note, et qu'elle eut la malice de chanter ensuite devant monsieur le maître, pour lui montrer comment cela s'exécutoit. J'étois si peu en état de lire un air de première vue que, dans le brillant concert dont j'ai parlé, il ne me fut pas possible de suivre un moment l'exécution pour savoir si l'on jouoit bien ce que j'avois sous les yeux, et que j'avois composé moi-même.

Au milieu de tant d'humiliations, j'avois des consolations très douces dans les nouvelles que je recevois de temps en temps des deux charmantes amies. J'ai toujours trouvé dans le sexe une grande vertu consolatrice; et rien n'adoucit plus mes afflictions dans mes disgrâces que de sentir qu'une personne aimable y prend intérêt. Cette correspondance cessa pourtant bientôt après, et ne fut jamais renouée; mais ce fut ma faute. En changeant de lieu je négligeai de leur donner mon adresse; et, forcé par la nécessité de songer continuellement à moi-même, je les oubliai bientôt entièrement.

Il y a longtemps que je n'ai parlé de ma pauvre maman; mais, si l'on croit que je l'oubliois aussi, l'on se trompe fort. Je ne cessois de penser à elle et de désirer de la retrouver, non seulement pour le besoin de ma subsistance, mais bien plus pour le besoin de mon cœur. Mon attachement pour elle, quelque vif, quelque tendre qu'il fût, ne n'empêchoit pas d'en aimer d'autres; mais ce n'étoit pas de la même façon. Toutes devoient également ma tendresse à leurs charmes; mais elle tenoit uniquement à ceux des autres, et ne leur eût pas survécu; au lieu que maman pouvoit devenir vieille et laide sans que je l'aimasse moins tendrement. Mon cœur avoit pleinement transmis à sa personne l'hommage qu'il fit d'abord à sa beauté; et, quelque changement qu'elle éprouvât, pourvu que ce fût toujours elle, mes sentimens ne pouvoient changer. Je sais bien que je lui devois de la reconnoissance; mais en vérité je n'y songeois pas. Quoi qu'elle eût fait ou n'eût pas fait pour moi, c'eût été toujours la même chose. Je ne l'aimois ni par devoir, ni par intérêt, ni par convenance; je l'aimois parce que j'étois né pour l'aimer. Quand je devenois amoureux de quelque autre, cela faisoit distraction, je l'avoue, et je pensois moins souvent à elle; mais j'y pensois avec le même plaisir, et jamais, amoureux ou non, je ne me suis occupé d'elle sans sentir qu'il ne pouvoit y avoir pour moi de vrai bonheur dans la vie tant que j'en serois séparé.

N'ayant point de ses nouvelles depuis si longtemps, je ne crus jamais que je l'eusse tout à fait perdue, ni qu'elle eût pu m'oublier. Je me disois : « Elle saura tôt ou tard que je suis errant, et me

donnera quelque signe de vie; je la retrouverai,
j'en suis certain. » En attendant, c'étoit une douceur pour moi d'habiter son pays, de passer dans
les rues où elle avoit passé, devant les maisons où
elle avoit demeuré; et le tout par conjecture, car
une de mes ineptes bizarreries étoit de n'oser m'informer d'elle ni prononcer son nom sans la plus
absolue nécessité. Il me sembloit qu'en la nommant
je disois tout ce qu'elle m'inspiroit, que ma bouche révéloit le secret de mon cœur, que je la compromettois en quelque sorte. Je crois même qu'il
se mêloit à cela quelque frayeur qu'on ne me dît
du mal d'elle. On avoit parlé beaucoup de sa démarche, et un peu de sa conduite. De peur qu'on
n'en dît pas ce que je voulois entendre, j'aimois
mieux qu'on n'en parlât point du tout.

Comme mes écoliers ne m'occupoient pas beaucoup, et que sa ville natale n'étoit qu'à quatre
lieues de Lausanne, j'y fis une promenade de deux
ou trois jours, durant lesquels la plus douce émotion ne me quitta point. L'aspect du lac de Genève
et de ses admirables côtes eut toujours à mes yeux
un attrait particulier que je ne saurois expliquer, et
qui ne tient pas seulement à la beauté du spectacle,
mais à je ne sais quoi de plus intéressant qui m'affecte et m'attendrit. Toutes les fois que j'approche
du pays de Vaud, j'éprouve une impression composée du souvenir de Mme de Warens qui y est
née, de mon père qui y vivoit, de Mlle de Vulson
qui y eut les prémices de mon cœur, de plusieurs

voyages de plaisir que j'y fis dans mon enfance, et, ce me semble, de quelque autre cause encore plus secrète et plus forte que tout cela. Quand l'ardent désir de cette vie heureuse et douce qui me fuit et pour laquelle j'étois né vient enflammer mon imagination, c'est toujours au pays de Vaud, près du lac, dans des campagnes charmantes, qu'elle se fixe. Il me faut absolument un verger au bord de ce lac, et non pas d'un autre; il me faut un ami sûr, une femme aimable, une vache et un petit bateau. Je ne jouirai d'un bonheur parfait sur la terre que quand j'aurai tout cela. Je ris de la simplicité avec laquelle je suis allé plusieurs fois dans ce pays-là uniquement pour y chercher ce bonheur imaginaire. J'étois toujours surpris d'y trouver les habitans, surtout les femmes, d'un tout autre caractère que celui que j'y cherchois. Combien cela me sembloit disparate! Le pays et le peuple dont il est couvert ne m'ont jamais paru faits l'un pour l'autre.

Dans ce voyage de Vevay, je me livrois, en suivant ce beau rivage, à la plus douce mélancolie: mon cœur s'élançoit avec ardeur à mille félicités innocentes; je m'attendrissois, je soupirois et pleurois comme un enfant. Combien de fois, m'arrêtant pour pleurer à mon aise, assis sur une grosse pierre, je me suis amusé à voir tomber mes larmes dans l'eau!

J'allai à Vevay loger à la Clef; et, pendant deux jours que j'y restai sans voir personne, je pris pour cette ville un amour qui m'a suivi dans tous mes

voyages, et qui m'y a fait établir enfin les héros de
mon roman. Je dirois volontiers à ceux qui ont du
goût et qui sont sensibles : « Allez à Vevay, visitez
le pays, examinez les sites, promenez-vous sur le
lac, et dites si la nature n'a pas fait ce beau pays
pour une Julie, pour une Claire et pour un Saint-
Preux; mais ne les y cherchez pas ». Je reviens à
mon histoire.

Comme j'étois catholique et que je me donnois
pour tel, je suivois sans mystère et sans scrupule le
culte que j'avois embrassé. Les dimanches, quand
il faisoit beau, j'allois à la messe à Assens, à deux
lieues de Lausanne. Je faisois ordinairement cette
course avec d'autres catholiques, surtout avec un
brodeur parisien dont j'ai oublié le nom. Ce n'étoit
pas un Parisien comme moi, c'étoit un vrai Parisien
de Paris, un archi-Parisien du bon Dieu, bonhomme comme un Champenois. Il aimoit si fort
son pays qu'il ne voulut jamais douter que j'en
fusse, de peur de perdre cette occasion d'en parler. M. de Crouzas, lieutenant baillival, avoit un
jardinier de Paris aussi, mais moins complaisant,
et qui trouvoit la gloire de son pays compromise à
ce qu'on osât se donner pour en être lorsqu'on
n'avoit pas cet honneur. Il me questionnoit de l'air
d'un homme sûr de me prendre en faute, et puis
sourioit malignement. Il me demanda une fois ce
qu'il y avoit de remarquable au Marché-Neuf. Je
battis la campagne, comme on peut croire. Après
avoir passé vingt ans à Paris, je dois à présent

connoistre cette ville; cependant, si l'on me faisoit aujourd'hui pareille question, je ne serois pas moins embarrassé d'y répondre, et de cet embarras on pourroit aussi bien conclure que je n'ai jamais été à Paris : tant, lors même qu'on rencontre la vérité, l'on est sujet à se fonder sur des principes trompeurs!

Je ne saurois dire exactement combien de temps je demeurai à Lausanne. Je n'apportai pas de cette ville des souvenirs bien rappelans. Je sais seulement que, n'y trouvant pas à vivre, j'allai de là à Neufchâtel, et que j'y passai l'hiver. Je réussis mieux dans cette dernière ville; j'y eus des écoliers, et j'y gagnai de quoi m'acquitter avec mon bon ami Perrotet, qui m'avoit fidèlement envoyé mon petit bagage, quoique je lui redusse assez d'argent.

J'apprenois insensiblement la musique en l'enseignant. Ma vie étoit assez douce; un homme raisonnable eût pu s'en contenter; mais mon cœur inquiet me demandoit autre chose. Les dimanches et les jours où j'étois libre, j'allois courir les campagnes et les bois des environs, toujours errant, rêvant, soupirant; et, quand j'étois une fois sorti de la ville, je n'y rentrois plus que le soir. Un jour, étant à Boudry, j'entrai pour dîner dans un cabaret : j'y vis un homme à grande barbe avec un habit violet à la grecque, un bonnet fourré, l'équipage et l'air assez noble, et qui souvent avoit peine à se faire entendre, ne parlant qu'un jargon presque indéchiffrable, mais plus ressemblant à l'italien qu'à nulle autre langue. J'entendois presque tout ce qu'il disoit, et j'étois le seul ; il ne pouvoit s'énoncer que par signes avec l'hôte et les gens du pays. Je lui dis quelques mots en italien, qu'il entendit parfaitement : il se leva, et vint m'embrasser avec transport. La liaison fut bientôt faite, et dès ce moment je lui servis de truchement. Son dîner étoit bon, le mien étoit moins que médiocre ; il m'invita de prendre part au sien, je fis peu de façons. En buvant et baragouinant nous achevâmes de nous familiariser, et dès la fin du repas nous devînmes inséparables. Il me conta qu'il étoit prélat grec et archimandrite de Jérusalem ; qu'il étoit chargé de faire une quête en Europe pour le rétablissement du Saint-Sépulcre. Il me montra de belles patentes de la czarine et de l'empereur ; il en avoit de beaucoup d'autres souverains. Il étoit assez content de ce qu'il avoit amassé jusqu'alors ; mais il avoit eu des peines incroyables en Allemagne, n'entendant pas un mot d'allemand, de latin ni de françois, et réduit à son grec, au turc et à la langue franque pour toute ressource, ce qui ne lui en procuroit pas beaucoup dans le pays où il s'étoit enfourné. Il me proposa de l'accompagner pour lui servir de secrétaire et d'interprète. Malgré mon petit habit violet, nouvellement acheté, et qui ne cadroit pas mal avec mon nouveau poste, j'avois l'air si peu étoffé qu'il ne me crut pas difficile à gagner, et il ne se trompa point. Notre accord fut bientôt fait : je ne demandois rien, et il promettoit beaucoup. Sans caution, sans sûreté, sans connoissance, je me livre à sa conduite, et dès le lendemain me voilà parti pour Jérusalem.

Nous commençâmes notre tournée par le canton de Fribourg, où il ne fit pas grand'chose. La dignité épiscopale ne permettoit pas de faire le mendiant, et de quêter aux particuliers; mais nous présentâmes sa commission au sénat, qui lui donna une petite somme. De là nous fûmes à Berne. Nous logeâmes au Faucon, bonne auberge alors, où l'on trouvoit bonne compagnie. La table étoit nombreuse et bien servie. Il y avoit longtemps que je faisois mauvaise chère; j'avois grand besoin de me refaire, j'en avois l'occasion, et j'en profitai. Monseigneur l'archimandrite étoit lui-même un homme de bonne compagnie, aimant assez à tenir table, gai, parlant bien pour ceux qui l'entendoient, ne manquant pas de certaines connoissances, et plaçant son érudition grecque avec assez d'agrément. Un jour, cassant au dessert des noisettes, il se coupa le doigt fort avant; et, comme le sang sortoit avec abondance, il montra son doigt à la compagnie, et dit en riant : *Mirate, signori; questo è sangue pelasgo.*

A Berne mes fonctions ne lui furent pas inutiles, et je ne m'en tirai pas aussi mal que j'avois craint. J'étois bien plus hardi et mieux parlant que je n'aurois été pour moi-même. Les choses ne se passèrent pas aussi simplement qu'à Fribourg : il fallut de longues et fréquentes conférences avec les premiers de l'État, et l'examen de ses titres ne fut pas l'affaire d'un jour. Enfin, tout étant en règle, il fut admis à l'audience du sénat. J'entrai avec lui comme son interprète, et l'on me dit de parler. Je ne m'attendois à rien moins, et il ne m'étoit pas venu dans l'esprit qu'après avoir longtemps conféré avec les membres, il fallût s'adresser au corps comme si rien n'eût été dit. Qu'on juge de mon embarras ! Pour un homme aussi honteux, parler non seulement en public, mais devant le sénat de Berne, et parler impromptu sans avoir une seule minute pour me préparer, il y avoit là de quoi m'anéantir. Je ne fus pas même intimidé. J'exposai succinctement et nettement la commission de l'archimandrite. Je louai la piété des princes qui avoient contribué à la collecte qu'il étoit venu faire. Piquant d'émulation celle de Leurs Excellences, je dis qu'il n'y avoit pas moins à espérer de leur munificence accoutumée; et puis, tâchant de prouver que cette bonne œuvre en étoit également une pour tous les chrétiens sans distinction de secte, je finis par promettre les bénédictions du Ciel à ceux qui voudroient y prendre part. Je ne dirai pas que mon discours fit effet, mais il est sûr qu'il fut goûté, et qu'au sortir de l'audience l'archimandrite reçut un présent fort honnête, et, de plus, sur l'esprit de son secrétaire des complimens dont j'eus l'agréable emploi d'être le truchement, mais que je n'osai lui rendre à la lettre. Voilà la seule fois de ma vie que j'aie parlé en public et devant un souverain, et la seule fois aussi peut-être que j'aie parlé hardiment et bien. Quelle différence dans les dispositions du même homme! Il y a trois ans qu'étant allé voir à Yverdun mon vieux ami M. Roguin, je reçus une députation pour me remercier de quelques livres que j'avois donnés à la bibliothèque de cette ville. Les Suisses sont grands harangueurs; ces messieurs me haranguèrent. Je me crus obligé de répondre; mais je m'embarrassai tellement dans ma réponse, et ma tête se brouilla si bien, que je restai court et me fis moquer de moi. Quoique timide naturellement, j'ai été hardi quelquefois dans ma jeunesse; jamais dans mon âge avancé. Plus j'ai vu le monde, moins j'ai pu me faire à son ton.

Partis de Berne, nous allâmes à Soleure : car le dessein de l'archimandrite étoit de reprendre la route d'Allemagne, et de s'en retourner par la Hongrie ou par la Pologne, ce qui faisoit une route immense; mais, comme chemin faisant sa bourse s'emplissoit plus qu'elle ne se vidoit, il craignoit peu les détours. Pour moi, qui me plaisois presque autant à cheval qu'à pied, je n'aurois pas mieux demandé que de voyager ainsi toute ma vie; mais il étoit écrit que je n'irois pas si loin.

La première chose que nous fîmes arrivant à Soleure fut d'aller saluer monsieur l'ambassadeur de France. Malheureusement pour mon évêque, cet ambassadeur étoit le marquis de Bonac, qui avoit été ambassadeur à la Porte, et qui devoit être au fait de tout ce qui regardoit le Saint-Sépulcre. L'archimandrite eut une audience d'un quart d'heure, où je ne fus pas admis, parce que monsieur l'ambassadeur entendoit la langue franque et parloit l'italien du moins aussi bien que moi. A la sortie de mon Grec je voulus le suivre; on me retint, ce fut mon tour. M'étant donné pour Parisien, j'étois comme tel sous la juridiction de Son Excellence. Elle me demanda qui j'étois, m'exhorta de lui dire la vérité : je le lui promis, en lui demandant une audience particulière qui me fut accordée. Monsieur l'ambassadeur m'emmena dans son cabinet dont il ferma sur nous la porte; et là, me jetant à ses pieds, je lui tins parole. Je n'aurois pas moins dit quand je n'aurois rien promis, car un continuel besoin d'épanchement met à tout moment mon cœur sur mes lèvres; et, après m'être ouvert sans réserve au musicien Lutold, je n'avois garde de faire le mystérieux avec le marquis de Bonac. Il fut si content de ma petite histoire et de l'effusion de cœur avec laquelle il vit que je l'avois contée, qu'il me prit par la main, entra chez Mme l'ambassadrice, et me présenta à elle en lui faisant un abrégé de mon récit. Mme de Bonac m'accueillit avec bonté, et dit qu'il ne falloit pas me laisser aller avec ce moine grec. Il fut résolu que je resterois à l'hôtel, en attendant qu'on vît ce qu'on pourroit faire de moi. Je voulus aller faire mes adieux à mon pauvre archimandrite, pour lequel j'avois conçu de l'attachement : on ne me le permit pas. On envoya lui signifier mes arrêts, et un quart d'heure après je vis arriver mon petit sac. M. de La Martinière, secrétaire d'ambassade, fut en quelque façon chargé de moi. En me conduisant dans la chambre qui m'étoit destinée, il me dit : « Cette chambre a été occupée sous le comte du Luc par un homme célèbre du même nom que vous ; il ne tient qu'à vous de le remplacer de toutes manières, et de faire dire un jour : Rousseau premier, Rousseau second. » Cette conformité, qu'alors je n'espérois guère, eût moins flatté mes désirs si j'avois pu prévoir à quel prix je l'achèterois un jour.

Ce que m'avoit dit M. de La Martinière me donna de la curiosité. Je lus les ouvrages de celui dont j'occupois la chambre ; et, sur le compliment qu'on m'avoit fait, croyant avoir du goût pour la poésie, je fis pour mon coup d'essai une cantate à la louange de Mme de Bonac. Ce goût ne se soutint pas. J'ai fait de temps en temps de médiocres vers : c'est un exercice assez bon pour se rompre aux inversions élégantes, et apprendre à mieux écrire en prose ; mais je n'ai jamais trouvé dans la poésie françoise assez d'attrait pour m'y livrer tout à fait.

M. de La Martinière voulut voir de mon style, et me demanda par écrit le même détail que j'avois fait à monsieur l'ambassadeur. Je lui écrivis une longue lettre, que j'apprends avoir été conservée par M. de Marianne, qui étoit attaché depuis longtemps au marquis de Bonac, et qui depuis a succédé à M. de La Martinière sous l'ambassade de M. de Courteilles. J'ai prié M. de Malesherbes de tâcher de me procurer une copie de cette lettre. Si je puis l'avoir par lui ou par d'autres, on la trouvera dans le recueil qui doit accompagner mes *Confessions*.

L'expérience que je commençois d'avoir modéroit peu à peu mes projets romanesques ; et, par exemple, non-seulement je ne devins point amoureux de Mme de Bonac, mais je sentis d'abord que je ne pouvois faire un grand chemin dans la maison de son mari. M. de La Martinière en place, et M. de Marianne pour ainsi dire en survivance, ne me laissoient espérer pour toute fortune qu'un emploi de sous-secrétaire, qui ne me tentoit pas infiniment. Cela fit que, quand on me consulta sur ce que je voulois faire, je marquai beaucoup d'envie d'aller à Paris. Monsieur l'ambassadeur goûta cette idée, qui tendoit au moins à le débarrasser de moi. M. de Merveilleux, secrétaire interprète de l'ambassade, dit que son ami M. Godard, colonel suisse au service de France, cherchoit quelqu'un pour mettre auprès de son neveu, qui entroit fort jeune au service, et pensa que je pourrois lui convenir. Sur cette idée, assez légèrement prise, mon départ fut résolu ; et moi, qui voyois un voyage à faire et Paris au bout, j'en fus dans la joie de mon cœur. On me donna quelques lettres, cent francs pour mon voyage accompagnés de fort bonnes leçons, et je partis.

Je mis à ce voyage une quinzaine de jours, que je peux compter parmi les heureux de ma vie. J'étois jeune, je me portois bien, j'avois assez d'argent, beaucoup d'espérance, je voyageois à pied, et je voyageois seul. On seroit étonné de me voir compter un pareil avantage si déjà l'on n'avoit dû se familiariser avec mon humeur. Mes douces chimères me tenoient compagnie, et jamais la chaleur de mon imagination n'en enfanta de plus magnifiques. Quand on m'offroit quelque place vide dans une voiture, ou que quelqu'un m'accostoit en route, je rechignois de voir renverser la fortune dont je bâtissois l'édifice en marchant. Cette fois mes idées étoient martiales. J'allois m'attacher à un militaire et devenir militaire moi-même : car on avoit arrangé que je commencerois par être cadet. Je croyois déjà me voir en habit d'officier, avec un beau plumet blanc. Mon cœur s'enfloit à cette noble idée. J'avois quelque teinture de géométrie et de fortifications; j'avois un oncle ingénieur; j'étois en quelque sorte enfant de la balle. Ma vue courte offroit un peu d'obstacle, mais qui ne m'embarrassoit pas; et je comptois bien, à force de sang-froid et d'intrépidité, suppléer à ce défaut. J'avois lu que le maréchal Schomberg avoit la vue très courte : pourquoi le maréchal Rousseau ne l'auroit-il pas ? Je m'échauffois tellement sur ces folies que je ne voyois plus que troupes, remparts, gabions, batteries, et moi, au milieu du feu et de la fumée, donnant tranquillement mes ordres la lorgnette à la main. Cependant, quand je passois dans des campagnes agréables, que je voyois des bocages et des ruisseaux, ce touchant aspect me faisoit soupirer de regret; je sentois au milieu de ma gloire que mon cœur n'étoit pas fait pour tant de fracas; et bientôt, sans savoir comment, je me retrouvois au milieu de mes chères bergeries, renonçant pour jamais aux travaux de Mars.

Combien l'abord de Paris démentit l'idée que j'en avois! La décoration extérieure que j'avois vue à Turin, la beauté des rues, la symétrie et l'alignement des maisons, me faisoient chercher à Paris autre chose encore. Je m'étois figuré une ville aussi belle que grande, de l'aspect le plus imposant, où l'on ne voyoit que de superbes rues, des palais de marbre et d'or. En entrant par le faubourg Saint-Marceau, je ne vis que de petites rues sales et puantes, de vilaines maisons noires, l'air de la malpropreté, de la pauvreté, des mendians, des charretiers, des ravaudeuses, des crieuses de tisane et de vieux chapeaux. Tout cela me frappa d'abord à tel point que tout ce que j'ai vu depuis à Paris de magnificence réelle n'a pu détruire cette première impression, et qu'il m'en est resté toujours un secret dégoût pour l'habitation de cette capitale. Je puis dire que tout le temps que j'y ai vécu dans la suite ne fut employé qu'à y chercher des ressources pour me mettre en état d'en vivre éloigné. Tel est le fruit d'une imagination trop active, qui exagère par-dessus l'exagération des hommes, et voit toujours plus que ce qu'on lui dit. On m'avoit tant vanté Paris que je me l'étois figuré comme l'ancienne Babylone, dont je trouverois peut-être autant à rabattre, si je l'avois vue, du portrait que je m'en suis fait. La même chose m'arriva à l'Opéra, où je me pressai d'aller le lendemain de mon arrivée; la même chose m'arriva dans la suite à Versailles; dans la suite encore en voyant la mer; et la même chose m'arrivera toujours en voyant des spectacles qu'on m'aura trop annoncés : car il est impossible aux hommes et difficile à la nature elle-même de passer en richesse mon imagination.

A la manière dont je fus reçu de tous ceux pour qui j'avois des lettres, je crus ma fortune faite. Celui à qui j'étois le plus recommandé, et qui me caressa le moins, étoit M. de Surbeck, retiré du service et vivant philosophiquement à Bagneux, où je fus le voir plusieurs fois, et où jamais il ne m'offrit un verre d'eau. J'eus plus d'accueil de Mme de Merveilleux, belle-sœur de l'interprète, et de son neveu, officier aux gardes : non-seulement la mère et le fils me reçurent bien, mais ils m'offrirent leur table, dont je profitai souvent durant mon séjour à Paris. Mme de Merveilleux me parut avoir été belle; ses cheveux étoient d'un beau noir, et faisoient, à la vieille mode, le crochet sur ses tempes. Il lui restoit ce qui ne périt point avec les attraits, un esprit très agréable. Elle me parut goûter le mien, et fit tout ce qu'elle put pour me rendre service; mais personne ne la seconda, et je fus bientôt désabusé de tout ce grand intérêt qu'on avoit paru prendre à moi. Il faut pourtant rendre justice aux François : ils ne s'épuisent point tant qu'on dit en protestations, et celles qu'ils font sont presque toujours sincères ; mais ils ont une manière de paroître s'intéresser à vous qui trompe plus que des paroles. Les gros complimens des Suisses n'en peuvent imposer qu'à des sots. Les manières des François sont plus séduisantes en cela même qu'elles sont plus simples : on croiroit qu'ils ne vous disent pas tout ce qu'ils veulent faire, pour vous surprendre plus agréablement. Je dirai plus : ils ne sont point faux dans leurs démonstrations ; ils sont naturellement officieux, humains, bienveillans, et même, quoi qu'on en dise, plus vrais qu'aucune autre nation ; mais ils sont légers et volages. Ils ont en effet le sentiment qu'ils vous témoignent ; mais ce sentiment s'en va comme il est venu. En vous parlant, ils sont pleins de vous ; ne vous voient-ils plus, ils vous oublient. Rien n'est permanent dans leur cœur ; tout est chez eux l'œuvre du moment.

Je fus donc beaucoup flatté et peu servi. Ce colonel Godard, au neveu duquel on m'avoit donné, se trouva être un vilain vieux avare qui, quoique tout cousu d'or, voyant ma détresse, me voulut avoir pour rien. Il prétendoit que je fusse auprès de son neveu une espèce de valet sans gages plutôt qu'un vrai gouverneur. Attaché continuellement à lui, et par là dispensé du service, il falloit que je

vécusse de ma paye de cadet, c'est-à-dire de soldat ;
et à peine consentoit-il à me donner l'uniforme ;
il auroit voulu que je me contentasse de celui du
régiment. Mme de Merveilleux, indignée de ses
propositions, me détourna elle-même de les accepter ; son fils fut du même sentiment. On cherchoit
autre chose, et l'on ne trouvoit rien. Cependant je
commençois d'être pressé, et cent francs, sur lesquels j'avois fait mon voyage, ne pouvoient me
mener bien loin. Heureusement je reçus de la part
de monsieur l'ambassadeur encore une petite remise qui me fit grand bien ; et je crois qu'il ne
m'auroit pas abandonné si j'eusse eu plus de patience ; mais languir, attendre, solliciter, sont pour
moi choses impossibles. Je me rebutai, je ne parus
plus, et tout fut fini. Je n'avois pas oublié ma pauvre maman ; mais comment la trouver ? où la chercher ? Mme de Merveilleux, qui savoit mon histoire,
m'avoit aidé dans cette recherche, et longtemps
inutilement. Enfin elle m'apprit que Mme de Warens étoit repartie il y avoit plus de deux mois,
mais qu'on ne savoit si elle étoit allée en Savoie
ou à Turin, et que quelques personnes la disoient
retournée en Suisse. Il ne m'en fallut pas davantage pour me déterminer à la suivre, bien sûr qu'en
quelque lieu qu'elle fût je la trouverois plus aisément en province que je n'avois pu faire à Paris.

Avant de partir j'exerçai mon nouveau talent
poétique dans une épître au colonel Godard, où je
le drapai de mon mieux. Je montrai ce barbouil-

lage à Mme de Merveilleux, qui, au lieu de me censurer comme elle auroit dû faire, rit beaucoup de mes sarcasmes, de même que son fils, qui, je crois, n'aimoit pas M. Godard; et il faut avouer qu'il n'étoit pas aimable. J'étois tenté de lui envoyer mes vers; ils m'y encouragèrent : j'en fis un paquet à son adresse; et, comme il n'y avoit point alors à Paris de petite poste, je le mis dans ma poche, et le lui envoyai d'Auxerre en passant. Je ris quelquefois encore en songeant aux grimaces qu'il dut faire en lisant ce panégyrique où il étoit peint trait pour trait. Il commençoit ainsi :

> Tu croyois, vieux penard, qu'une folle manie
> D'élever ton neveu m'inspireroit l'envie.

Cette petite pièce, mal faite à la vérité, mais qui ne manquoit pas de sel et qui annonçoit du talent pour la satire, est cependant le seul écrit satirique qui soit sorti de ma plume. J'ai le cœur trop peu haineux pour me prévaloir d'un pareil talent; mais je crois qu'on peut juger, par quelques écrits polémiques faits de temps à autre pour ma défense, que, si j'avois été d'humeur batailleuse, mes agresseurs auroient eu rarement les rieurs de leur côté.

La chose que je regrette le plus dans les détails de ma vie dont j'ai perdu la mémoire est de n'avoir pas fait des journaux de mes voyages. Jamais je n'ai tant pensé, tant existé, tant vécu, tant été moi, si j'ose ainsi dire, que dans ceux que j'ai faits seul et à pied. La marche a quelque chose qui anime et avive mes idées : je ne puis presque penser quand je reste en place; il faut que mon corps soit en branle pour y mettre mon esprit. La vue de la campagne, la succession des aspects agréables, le grand air, le grand appétit, la bonne santé que je gagne en marchant, la liberté du cabaret, l'éloignement de tout ce qui me fait sentir ma dépendance, de tout ce qui me rappelle à ma situation, tout cela dégage mon âme, me donne une plus grande audace de penser, me jette en quelque sorte dans l'immensité des êtres pour les combiner, les choisir, me les approprier à mon gré, sans gêne et sans crainte. Je dispose en maître de la nature entière; mon cœur, errant d'objet en objet, s'unit, s'identifie à ceux qui le flattent, s'entoure d'images charmantes, s'enivre de sentimens délicieux. Si pour les fixer je m'amuse à les décrire en moi-même, quelle vigueur de pinceau, quelle fraîcheur de coloris, quelle énergie d'expression je leur donne! On a, dit-on, trouvé de tout cela dans mes ouvrages, quoique écrits vers le déclin de mes ans. Oh! si l'on eût vu ceux de ma première jeunesse, ceux que j'ai faits durant mes voyages, ceux que j'ai composés et que je n'ai jamais écrits!... Pourquoi, direz-vous, ne les pas écrire? Et pourquoi les écrire? vous répondrai-je; pourquoi m'ôter le charme actuel de la jouissance, pour dire à d'autres que j'avois joui? Que m'importoient des lecteurs, un public, et toute la terre, tandis que je planois dans le ciel? D'ailleurs, portois-je avec moi du papier, des plumes? Si j'avois pensé à tout cela, rien ne me seroit venu. Je ne prévoyois pas que j'aurois des idées ; elles viennent quand il leur plaît, non quand il me plaît. Elles ne viennent point, ou elles viennent en foule ; elles m'accablent de leur nombre et de leur force. Dix volumes par jour n'auroient pas suffi. Où prendre du temps pour les écrire ? En arrivant je ne songeois qu'à bien dîner ; en partant je ne songeois qu'à bien marcher. Je sentois qu'un nouveau paradis m'attendoit à la porte ; je ne songeois qu'à l'aller chercher.

Jamais je n'ai si bien senti tout cela que dans le retour dont je parle. En venant à Paris, je m'étois borné aux idées relatives à ce que j'y allois faire. Je m'étois élancé dans la carrière où j'allois entrer, et je l'avois parcourue avec assez de gloire ; mais cette carrière n'étoit pas celle où mon cœur m'appeloit, et les êtres réels nuisoient aux êtres imaginaires. Le colonel Godard et son neveu figuroient mal avec un héros tel que moi. Grâces au Ciel, j'étois maintenant délivré de tous ces obstacles ; je pouvois m'enfoncer à mon gré dans le pays des chimères, car il ne restoit que cela devant moi. Aussi je m'y égarai si bien que je perdis réellement plusieurs fois ma route ; et j'eusse été fort fâché d'aller plus droit, car, sentant qu'à Lyon j'allois me retrouver sur la terre, j'aurois voulu n'y jamais arriver.

Un jour, entre autres, m'étant à dessein détourné pour voir de près un lieu qui me parut admirable,

je m'y plus si fort et j'y fis tant de tours que je me
perdis enfin tout à fait. Après plusieurs heures de
course inutile, las et mourant de soif et de faim,
j'entrai chez un paysan dont la maison n'avoit pas
belle apparence; mais c'étoit la seule que je visse
aux environs. Je croyois que c'étoit comme à
Genève ou en Suisse, où tous les habitans à leur
aise sont en état d'exercer l'hospitalité. Je priai
celui-ci de me donner à dîner en payant. Il m'offrit du lait écrémé et de gros pain d'orge, en me
disant que c'étoit tout ce qu'il avoit. Je buvois ce
lait avec délices et je mangeois ce pain, paille et
tout; mais cela n'étoit pas fort restaurant pour un
homme épuisé de fatigue. Ce paysan, qui m'examinoit, jugea de la vérité de mon histoire par celle
de mon appétit. Tout de suite, après avoir dit qu'il
voyoit bien[1] que j'étois un bon jeune honnête
homme qui n'étoit pas là pour le vendre, il ouvrit
une petite trappe à côté de sa cuisine, descendit,
et revint un moment après avec un bon pain bis de
pur froment, un jambon très appétissant, quoique
entamé, et une bouteille de vin dont l'aspect me
réjouit le cœur plus que tout le reste; on joignit à
cela une omelette assez épaisse, et je fis un dîner
tel qu'autre qu'un piéton n'en connut jamais. Quand
ce vint à payer, voilà son inquiétude et ses craintes
qui le reprennent; il ne vouloit point de mon ar-

---

1. Apparemment je n'avois pas encore la physionomie
qu'on m'a donnée depuis dans mes portraits.

gent, il le repoussoit avec un trouble extraordinaire; et ce qu'il y avoit de plaisant étoit que je ne pouvois imaginer de quoi il avoit peur. Enfin, il prononça en frémissant ces mots terribles de commis et de rats de cave. Il me fit entendre qu'il cachoit son vin à cause des aides, qu'il cachoit son pain à cause de la taille, et qu'il seroit un homme perdu si l'on pouvoit se douter qu'il ne mourût pas de faim. Tout ce qu'il me dit à ce sujet, et dont je n'avois pas la moindre idée, me fit une impression qui ne s'effacera jamais. Ce fut là le germe de cette haine inextinguible qui se développa depuis dans mon cœur contre les vexations qu'éprouve le malheureux peuple, et contre ses oppresseurs. Cet homme, quoique aisé, n'osoit manger le pain qu'il avoit gagné à la sueur de son front, et ne pouvoit éviter sa ruine qu'en montrant la même misère qui régnoit autour de lui. Je sortis de sa maison aussi indigné qu'attendri, et déplorant le sort de ces belles contrées, à qui la nature n'a prodigué ses dons que pour en faire la proie des barbares publicains.

Voilà le seul souvenir bien distinct qui me reste de ce qui m'est arrivé durant ce voyage. Je me rappelle seulement encore qu'en approchant de Lyon je fus tenté de prolonger ma route pour aller voir les bords du Lignon : car, parmi les romans que j'avois lus avec mon père, l'*Astrée* n'avoit pas été oubliée, et c'étoit celui qui me revenoit au cœur le plus fréquemment. Je demandai la route du Forez; et, tout en causant avec une hôtesse, elle m'apprit que c'étoit un bon pays de ressource pour les ouvriers, qu'il y avoit beaucoup de forges, et qu'on y travailloit fort bien en fer. Cet éloge calma tout à coup ma curiosité romanesque, et je ne jugeai pas à propos d'aller chercher des Dianes et des Sylvandres chez un peuple de forgerons. La bonne femme qui m'encourageoit de la sorte m'avoit sûrement pris pour un garçon serrurier.

Je n'allois pas tout à fait à Lyon sans vues. En arrivant, j'allai voir aux Chasottes M{^lle} du Châtelet, amie de M{^me} de Warens, et pour laquelle elle m'avoit donné une lettre quand je vins avec M. Le Maître : ainsi c'étoit une connoissance déjà faite. M{^lle} du Châtelet m'apprit qu'en effet son amie avoit passé à Lyon, mais qu'elle ignoroit si elle avoit poussé sa route jusqu'en Piémont, et qu'elle étoit incertaine elle-même en partant si elle ne s'arrêteroit point en Savoie; que si je voulois elle écriroit pour en avoir des nouvelles, et que le meilleur parti que j'eusse à prendre étoit de les attendre à Lyon. J'acceptai l'offre; mais je n'osai dire à M{^lle} du Châtelet que j'étois pressé de la réponse, et que ma petite bourse épuisée ne me laissoit pas en état de l'attendre longtemps. Ce qui me retint n'étoit pas qu'elle m'eût mal reçu; au contraire, elle m'avoit fait beaucoup de caresses, et me traitoit sur un pied d'égalité qui m'ôtoit le courage de lui laisser voir mon état, et de descendre du rôle de bonne compagnie à celui d'un malheureux mendiant.

Il me semble de voir assez clairement la suite de tout ce que j'ai marqué dans ce livre. Cependant je crois me rappeler, dans le même intervalle, un autre voyage de Lyon, dont je ne puis marquer la place, et où je me trouvai déjà fort à l'étroit. Une petite anecdote assez difficile à dire ne me permettra jamais de l'oublier. J'étois un soir assis en Bellecour après un très mince souper, rêvant aux moyens de me tirer d'affaire, quand un homme en bonnet vint s'asseoir à côté de moi. Cet homme avoit l'air d'un de ces ouvriers en soie qu'on appelle, à Lyon, des taffetatiers. Il m'adresse la parole; je lui réponds. A peine avions-nous causé un quart d'heure que, toujours avec le même sang-froid et sans changer de ton, il me propose de nous amuser de compagnie. J'attendois qu'il m'expliquât quel étoit cet amusement; mais, sans rien ajouter, il se mit en devoir de m'en donner l'exemple. Nous nous touchions presque, et la nuit n'étoit pas assez obscure pour m'empêcher de voir à quel exercice il se préparoit. Il n'en vouloit point à ma personne; du moins rien ne m'annonçoit cette intention, et le lieu ne l'eût pas favorisée : il ne vouloit exactement, comme il me l'avoit dit, que s'amuser et que je m'amusasse, chacun pour son compte; et cela lui paroissoit si simple qu'il n'avoit pas même supposé qu'il ne me le parût pas comme à lui. Je fus si effrayé de cette impudence que, sans lui répondre, je me levai précipitamment et me mis à fuir à toutes jambes, croyant avoir ce misérable à mes trousses. J'étois si troublé qu'au lieu de gagner mon logis par la rue Saint-Dominique, je courus du côté du quai, et ne m'arrêtai qu'au delà du pont de bois, aussi tremblant que si je venois de commettre un crime. J'étois sujet au même vice : ce souvenir m'en guérit pour longtemps.

A ce voyage-ci j'eus une aventure à peu près du même genre, mais qui me mit en plus grand danger. Sentant mes espèces tirer à leur fin, j'en ménageois le chétif reste. Je prenois moins souvent des repas à mon auberge, et bientôt je n'en pris plus du tout, pouvant pour cinq ou six sous, à la taverne, me rassasier tout aussi bien que je faisois là pour mes vingt-cinq. N'y mangeant plus, je ne savois comment y aller coucher, non que j'y dusse grand'chose, mais j'avois honte d'occuper une chambre sans rien faire gagner à mon hôtesse. La saison étoit belle. Un soir qu'il faisoit fort chaud, je me déterminai à passer la nuit dans la place ; et déjà je m'étois établi sur un banc, quand un abbé qui passoit, me voyant ainsi couché, s'approcha, et me demanda si je n'avois point de gîte. Je lui avouai mon cas, et il en parut touché. Il s'assit à côté de moi, et nous causâmes. Il parloit agréablement ; tout ce qu'il me dit me donna de lui la meilleure opinion du monde. Quand il me vit bien disposé, il me dit qu'il n'étoit pas logé au large ; qu'il n'avoit qu'une seule chambre, mais qu'assurément il ne me laisseroit pas coucher ainsi dans la place ; qu'il étoit tard pour trouver un gîte, et qu'il

m'offroit, pour cette nuit, la moitié de son lit.
J'accepte l'offre, espérant déjà me faire un ami qui
pourroit m'être utile. Nous allons. Il bat le fusil.
Sa chambre me parut propre dans sa petitesse; il
m'en fit les honneurs fort poliment. Il tira d'un pot
de verre des cerises à l'eau-de-vie; nous en mangeâmes chacun deux, et nous fûmes nous coucher.

Cet homme avoit les mêmes goûts que mon juif
de l'hospice, mais il ne les manifestoit pas si brutalement. Soit que, sachant que je pouvois être
entendu, il craignît de me forcer à me défendre,
soit qu'en effet il fût moins confirmé dans ses projets, il n'osoit m'en proposer ouvertement l'exécution, et cherchoit à m'émouvoir sans m'inquiéter.
Plus instruit que la première fois, je compris bientôt son dessein, et j'en frémis. Ne sachant ni dans
quelle maison ni entre les mains de qui j'étois, je
craignis, en faisant du bruit, de le payer de ma
vie. Je feignis d'ignorer ce qu'il me vouloit; mais,
paroissant très importuné de ses caresses et très
décidé à n'en pas endurer les progrès, je fis si bien
qu'il fut obligé de se contenir. Alors je lui parlai
avec toute la douceur et toute la fermeté dont j'étois capable; et, sans paroître rien soupçonner, je
m'excusai de l'inquiétude que je lui avois montrée
sur mon ancienne aventure, que j'affectai de lui
conter en termes si pleins de dégoût et d'horreur
que je lui fis, je crois, mal au cœur à lui-même, et
qu'il renonça tout à fait à son sale dessein. Nous

passâmes tranquillement le reste de la nuit; il me
dit même beaucoup de choses très bonnes, très
sensées; et ce n'étoit assurément pas un homme
sans mérite, quoique ce fût un grand vilain.

Le matin, monsieur l'abbé, qui ne vouloit pas
avoir l'air mécontent, parla de déjeuner, et pria
une des filles de son hôtesse, qui étoit jolie, d'en
faire apporter. Elle lui dit qu'elle n'avoit pas le
temps. Il s'adressa à sa sœur, qui ne daigna pas lui
répondre. Nous attendions toujours; point de déjeuner. Enfin nous passâmes dans la chambre de ces
demoiselles. Elles reçurent monsieur l'abbé d'un air
très peu caressant. J'eus encore moins à me louer
de leur accueil. L'aînée, en se retournant, m'appuya
son talon pointu sur le bout du pied, où un cor
fort douloureux m'avoit forcé de couper mon soulier; l'autre vint ôter brusquement de derrière moi
une chaise sur laquelle j'étois prêt à m'asseoir;
leur mère, en jetant de l'eau par la fenêtre, m'en
aspergea le visage; en quelque place que je me
misse, on m'en faisoit ôter pour y chercher quelque
chose : je n'avois été de ma vie à pareille fête. Je
voyois dans leurs regards insultans et moqueurs
une fureur cachée à laquelle j'avois la stupidité de
ne rien comprendre. Ébahi, stupéfait, prêt à les
croire toutes possédées, je commençois tout de bon
à m'effrayer, quand l'abbé, qui ne faisoit semblant
ni de voir ni d'entendre, jugeant bien qu'il n'y
avoit point de déjeuner à espérer, prit le parti de
sortir; et je me hâtai de le suivre, fort content

d'échapper à ces trois furies. En marchant, il me proposa d'aller déjeuner au café. Quoique j'eusse grand'faim, je n'acceptai point cette offre, sur laquelle il n'insista pas beaucoup non plus, et nous nous séparâmes au trois ou quatrième coin de rue ; moi, charmé de perdre de vue tout ce qui appartenoit à cette maudite maison ; et lui, fort aise, à ce que je crois, de m'en avoir assez éloigné pour qu'elle ne me fût pas aisée à reconnoître. Comme à Paris, ni dans aucune autre ville, jamais rien ne m'est arrivé de semblable à ces deux aventures, il m'en est resté une impression peu avantageuse au peuple de Lyon, et j'ai toujours regardé cette ville comme celle de l'Europe où règne la plus affreuse corruption.

Le souvenir des extrémités où j'y fus réduit ne contribue pas non plus à m'en rappeler agréablement la mémoire. Si j'avois été fait comme un autre, que j'eusse eu le talent d'emprunter et de m'endetter à mon cabaret, je me serois aisément tiré d'affaire ; mais c'est à quoi mon inaptitude égaloit ma répugnance ; et, pour imaginer à quel point vont l'une et l'autre, il suffit de savoir qu'après avoir passé presque toute ma vie dans le mal-être, et souvent prêt à manquer de pain, il ne m'est jamais arrivé une seule fois de me faire demander de l'argent par un créancier sans lui en donner à l'instant même. Je n'ai jamais su faire de dettes criardes, et j'ai toujours mieux aimé souffrir que devoir.

C'étoit souffrir assurément que d'être réduit à passer la nuit dans la rue, et c'est ce qui m'est arrivé plusieurs fois à Lyon. J'aimois mieux employer quelques sous qui me restoient à payer mon pain que mon gîte, parce qu'après tout je risquois moins de mourir de sommeil que de faim. Ce qu'il y a d'étonnant, c'est que, dans ce cruel état, je n'étois ni inquiet ni triste. Je n'avois pas le moindre souci sur l'avenir, et j'attendois les réponses que devoit recevoir Mlle du Châtelet, couchant à la belle étoile, et dormant étendu par terre ou sur un banc, aussi tranquillement que sur un lit de roses. Je me souviens même d'avoir passé une nuit délicieuse hors de la ville, dans un chemin qui côtoyoit le Rhône ou la Saône, car je ne me rappelle pas lequel des deux. Des jardins élevés en terrasse bordoient le chemin du côté opposé. Il avoit fait très chaud ce jour-là; la soirée étoit charmante; la rosée humectoit l'herbe flétrie; point de vent, une nuit tranquille; l'air étoit frais sans être froid; le soleil, après son coucher, avoit laissé dans le ciel des vapeurs rouges dont la réflexion rendoit l'eau couleur de rose; les arbres des terrasses étoient chargés de rossignols qui se répondoient de l'un à l'autre. Je me promenois dans une sorte d'extase, livrant mes sens et mon cœur à la jouissance de tout cela, et soupirant seulement un peu du regret d'en jouir seul. Absorbé dans ma douce rêverie, je prolongeai fort avant dans la nuit ma promenade, sans m'apercevoir que j'étois las. Je m'en aperçus enfin. Je me couchai voluptueusement sur la tablette d'une espèce de niche ou de fausse porte enfoncée dans un mur de terrasse; le ciel de mon lit étoit formé par les têtes des arbres; un rossignol étoit précisément au-dessus de moi : je m'endormis à son chant; mon sommeil fut doux, mon réveil le fut davantage. Il étoit grand jour : mes yeux, en s'ouvrant, virent l'eau, la verdure, un paysage admirable. Je me levai, me secouai : la faim me prit; je m'acheminai gaiement vers la ville, résolu de mettre à un bon déjeuner deux pièces de six blancs qui me restoient encore. J'étois de si bonne humeur que j'allois chantant tout le long du chemin; et je me souviens même que je chantois une cantate de Batistin, intitulée *les Bains de Thomery,* que je savois par cœur. Que béni soit le bon Batistin et sa bonne cantate, qui m'a valu un meilleur déjeuner que celui sur lequel je comptois, et un dîner bien meilleur encore, sur lequel je n'avois point compté du tout! Dans mon meilleur train d'aller et de chanter, j'entends quelqu'un derrière moi : je me retourne; je vois un antonin qui me suivoit, et qui paroissoit m'écouter avec plaisir. Il m'accoste, me salue, me demande si je sais la musique. Je réponds : « Un peu », pour faire entendre beaucoup. Il continue à me questionner : je lui conte une partie de mon histoire. Il me demande si je n'ai jamais copié de la musique. « Souvent », lui dis-je. Et cela étoit vrai, ma meilleure manière de l'apprendre étoit d'en copier : « Eh bien! me dit-il, venez avec moi; je pourrai vous occuper quelques jours, durant lesquels rien ne vous manquera, pourvu que vous consentiez à ne pas sortir de la chambre. » J'acquiesçai très volontiers, et je le suivis.

Cet antonin s'appeloit M. Rolichon; il aimoit la musique, il la savoit, et chantoit dans de petits concerts qu'il faisoit avec ses amis. Il n'y avoit rien là que d'innocent et d'honnête; mais ce goût dégénéroit apparemment en fureur, dont il étoit obligé de cacher une partie. Il me conduisit dans une petite chambre que j'occupai, et où je trouvai beaucoup de musique qu'il avoit copiée. Il m'en donna d'autre à copier, particulièrement la cantate que j'avois chantée, et qu'il devoit chanter lui-même dans quelques jours. J'en demeurai là trois ou quatre à copier tout le temps où je ne mangeois pas, car de ma vie je ne fus si affamé ni mieux nourri. Il apportoit mes repas lui-même de leur cuisine; et il falloit qu'elle fût bonne, si leur ordinaire valoit le mien. De mes jours je n'eus tant de plaisir à manger; et il faut avouer aussi que ces lippées me venoient fort à propos, car j'étois sec comme du bois. Je travaillois presque d'aussi bon cœur que je mangeois, et ce n'est pas peu dire. Il est vrai que je n'étois pas aussi correct que diligent. Quelques jours après, M. Rolichon, que je rencontrai dans la rue, m'apprit que mes parties avoient rendu la musique inexécutable, tant elles s'étoient trouvées pleines d'omissions, de duplications et de transpositions. Il faut avouer que j'ai choisi là dans la suite le métier du monde auquel j'étois le moins propre : non que ma note ne fût belle et que je ne copiasse fort nettement; mais l'ennui d'un long travail me donne des distractions si grandes que je passe plus de temps à gratter qu'à noter, et que, si je n'apporte la plus grande attention à collationner mes parties, elles font toujours manquer l'exécution. Je fis donc très mal en voulant bien faire, et, pour aller vite, j'allois tout de travers. Cela n'empêcha pas M. Rolichon de me bien traiter jusqu'à la fin, et de me donner encore en sortant un petit écu que je ne méritois guère, et qui me remit tout à fait en pied : car peu de jours après je reçus des nouvelles de maman, qui étoit à Chambéri, et de l'argent pour l'aller joindre, ce que je fis avec transport. Depuis lors, mes finances ont souvent été fort courtes, mais jamais assez pour être obligé de jeûner. Je marque cette époque avec un cœur sensible aux soins de la Providence. C'est la dernière fois de ma vie que j'ai senti la misère et la faim.

Je restai à Lyon sept ou huit jours encore pour attendre les commissions dont maman avoit chargé Mlle du Châtelet, que je vis durant ce temps-là plus assidûment qu'auparavant, ayant le plaisir de parler avec elle de son amie, et n'étant plus distrait par ces cruels retours sur ma situation qui me forçoient de la cacher. Mlle du Châtelet n'étoit ni jeune ni jolie, mais elle ne manquoit pas de grâce; elle étoit liante et familière, et son esprit donnoit du prix à cette familiarité. Elle avoit ce goût de morale observatrice qui porte à étudier les hommes; et c'est d'elle, en première origine, que ce même goût m'est venu. Elle aimoit les romans de Le Sage, et particulièrement *Gil Blas* : elle m'en parla, me le prêta; je le lus avec plaisir; mais je n'étois pas mûr encore pour ces sortes de lectures : il me falloit des romans à grands sentimens. Je passois ainsi mon temps à la grille de Mlle du Châtelet avec autant de plaisir que de profit; et il est certain que les entretiens intéressans et sensés d'une femme de mérite sont plus propres à former un jeune homme que toute la pédantesque philosophie des livres. Je fis connoissance aux Chasottes avec d'autres pensionnaires et de leurs amies, entre autres avec une jeune personne de quatorze ans, appelée Mlle Serre, à laquelle je ne fis pas alors une grande attention, mais dont je me passionnai huit ou neuf ans après, et avec raison, car c'étoit une charmante fille.

Occupé de l'attente de revoir bientôt ma bonne maman, je fis un peu de trêve à mes chimères, et le bonheur réel qui m'attendoit me dispensa d'en chercher dans mes visions. Non-seulement je la retrouvois, mais je retrouvois près d'elle et par elle un état agréable : car elle marquoit m'avoir trouvé une occupation qu'elle espéroit qui me conviendroit, et qui ne m'éloigneroit pas d'elle. Je m'épuisois en conjectures pour deviner quelle pouvoit être cette occupation, et il auroit fallu deviner en effet pour rencontrer juste. J'avois suffisamment d'argent pour faire commodément la route. Mlle du Châtelet vouloit que je prisse un cheval : je n'y pus consentir, et j'eus raison ; j'aurois perdu le plaisir du dernier voyage pédestre que j'ai fait en ma vie : car je ne peux donner ce nom aux excursions que je faisois souvent à mon voisinage tandis que je demeurois à Motiers.

C'est une chose bien singulière que mon imagination ne se monte jamais plus agréablement que quand mon état est le moins agréable, et qu'au contraire elle est moins riante lorsque tout rit autour de moi. Ma mauvaise tête ne peut s'assujettir aux choses. Elle ne sauroit embellir, elle veut créer. Les objets réels s'y peignent tout au plus tels qu'ils sont ; elle ne sait parer que les objets imaginaires. Si je veux peindre le printemps, il faut que je sois en hiver ; si je veux décrire un beau paysage, il faut que je sois dans des murs ; et j'ai dit cent fois que, si jamais j'étois mis à la Bastille, j'y ferois le tableau de la liberté. Je ne voyois en partant de Lyon qu'un avenir agréable ; j'étois aussi content, et j'avois tout lieu de l'être, que je l'étois peu quand je partis de Paris. Cependant je n'eus point, durant ce voyage, ces rêveries délicieuses qui m'avoient suivi dans l'autre. J'avois le cœur serein, mais c'était tout. Je me rapprochois avec attendrissement de l'excellente amie que j'allois revoir. Je goûtois d'avance, mais sans ivresse, le plaisir de vivre auprès d'elle : je m'y étois toujours attendu ; c'étoit comme s'il ne m'étoit rien

Confessions. II.

arrivé de nouveau. Je m'inquiétois de ce que j'allois faire, comme si cela eût été fort inquiétant. Mes idées étoient paisibles et douces, non célestes et ravissantes. Les objets frappoient ma vue; je donnois de l'attention aux paysages; je remarquois les arbres, les maisons, les ruisseaux; je délibérois aux croisées des chemins; j'avois peur de me perdre, et je ne me perdois point. En un mot, je n'étois plus dans l'empyrée, j'étois tantôt où j'étois, tantôt où j'allois, jamais plus loin.

Je suis en racontant mes voyages comme j'étois en les faisant : je ne saurois arriver. Le cœur me battoit de joie en approchant de ma chère maman, et je n'en allois pas plus vite. J'aime à marcher à mon aise, et m'arrêter quand il me plaît. La vie ambulante est celle qu'il me faut. Faire route à pied par un beau temps, dans un beau pays, sans être pressé, et avoir pour terme de ma course un objet agréable, voilà de toutes les manières de vivre celle qui est le plus de mon goût. Au reste, on sait déjà ce que j'entends par un beau pays. Jamais pays de plaine, quelque beau qu'il fût, ne parut tel à mes yeux. Il me faut des torrents, des rochers, des sapins, des bois noirs, des montagnes, des chemins raboteux à monter et à descendre, des précipices à mes côtés qui me fassent bien peur. J'eus ce plaisir, et je le goûtai dans tout son charme, en approchant de Chambéri. Non loin d'une montagne coupée qu'on appelle le Pas de l'Échelle, au-dessous du grand chemin taillé dans le roc, à l'endroit appelé Chailles, court et bouillonne dans des gouffres affreux une petite rivière qui paroît avoir mis à les creuser des milliers de siècles. On a bordé le chemin d'un parapet pour prévenir les malheurs; cela faisoit que je pouvois contempler au fond, et gagner des vertiges tout à mon aise : car ce qu'il y a de plaisant dans mon goût pour les lieux escarpés est qu'ils me font tourner la tête; et j'aime beaucoup ce tournoiement, pourvu que je sois en sûreté. Bien appuyé sur le parapet, j'avançois le nez, et je restois là des heures entières, entrevoyant de temps en temps cette écume et cette eau bleue dont j'entendois le mugissement à travers les cris des corbeaux et des oiseaux de proie qui voloient de roche en roche et de broussailles en broussailles, à cent toises au-dessous de moi. Dans les endroits où la pente étoit assez unie et la broussaille assez claire pour laisser passer des cailloux, j'en allois chercher au loin d'aussi gros que je les pouvois porter, je les rassemblois sur le parapet en pile; puis, les lançant l'un après l'autre, je me délectois à les voir rouler, bondir et voler en mille éclats, avant que d'atteindre le fond du précipice.

Plus près de Chambéri, j'eus un spectacle semblable en sens contraire. Le chemin passe au pied de la plus belle cascade que je vis de mes jours. La montagne est tellement escarpée que l'eau se détache net et tombe en arcade assez loin pour qu'on puisse passer entre la cascade et la roche, quelquefois sans être mouillé; mais, si l'on ne prend bien ses mesures, on y est aisément trompé, comme je le fus : car, à cause de l'extrême hauteur, l'eau se divise et tombe en poussière; et, lorsqu'on s'approche un peu trop de ce nuage, sans s'apercevoir d'abord qu'on se mouille, à l'instant on est tout trempé.

J'arrive enfin; je la revois. Elle n'étoit pas seule. Monsieur l'intendant général étoit chez elle au moment que j'entrai. Sans me parler elle me prend par la main et me présente à lui avec cette grâce qui lui ouvroit tous les cœurs : « Le voilà, Monsieur, ce pauvre jeune homme; daignez le protéger aussi longtemps qu'il le méritera, je ne suis plus en peine de lui pour le reste de sa vie. » Puis, m'adressant la parole : « Mon enfant, me dit-elle, vous appartenez au roi; remerciez monsieur l'intendant, qui vous donne du pain. » J'ouvrois de grands yeux sans rien dire, sans savoir trop qu'imaginer; il s'en fallut peu que l'ambition naissante ne me tournât la tête et que je ne fisse déjà le petit intendant. Ma fortune se trouva moins brillante que sur ce début je ne l'avois imaginé; mais, quant à présent, c'étoit assez pour vivre, et pour moi c'étoit beaucoup. Voici de quoi il s'agissoit.

Le roi Victor-Amédée, jugeant, par le sort des guerres précédentes et par la position de l'ancien patrimoine de ses pères, qu'il lui échapperoit quelque jour, ne cherchoit qu'à l'épuiser. Il y avoit peu d'années qu'ayant résolu d'en mettre la noblesse à la taille, il avoit ordonné un cadastre général de tout le pays, afin que, rendant l'imposition réelle, on pût la répartir avec plus d'équité. Ce travail, commencé sous le père, fut achevé sous le fils. Deux ou trois cents hommes, tant arpenteurs qu'on appeloit géomètres, qu'écrivains qu'on appeloit secrétaires, furent employés à cet ouvrage, et c'étoit parmi ces derniers que maman m'avoit fait inscrire. Le poste, sans être fort lucratif, donnoit de quoi vivre au large dans ce pays-là. Le mal étoit que cet emploi n'étoit qu'à temps; mais il mettoit en état de chercher et d'attendre, et c'étoit par prévoyance qu'elle tâchoit de m'obtenir de l'intendant une protection particulière, pour pouvoir passer à quelque emploi plus solide quand le temps de celui-là seroit fini.

J'entrai en fonction peu de jours après mon arrivée. Il n'y avoit à ce travail rien de difficile, et je fus bientôt au fait. C'est ainsi qu'après quatre ou cinq ans de courses, de folies et de souffrances depuis ma sortie de Genève, je commençai pour la première fois de gagner mon pain avec honneur.

Ces longs détails de ma première jeunesse auront paru bien puérils, et j'en suis fâché : quoique né homme à certains égards, j'ai été longtemps enfant et je le suis encore à beaucoup d'autres. Je n'ai pas promis d'offrir au public un grand personnage : j'ai promis de me peindre tel que je suis;

et, pour me connoître dans mon âge avancé, il faut m'avoir bien connu dans ma jeunesse. Comme en général les objets font moins d'impression sur moi que leurs souvenirs et que toutes mes idées sont en images, les premiers traits qui se sont gravés dans ma tête y sont demeurés, et ceux qui s'y sont empreints dans la suite se sont plutôt combinés avec eux qu'ils ne les ont effacés. Il y a une certaine succession d'affections et d'idées qui modifient celles qui les suivent, et qu'il faut connoître pour en bien juger. Je m'applique à bien développer partout les premières causes, pour faire sentir l'enchaînement des effets. Je voudrois pouvoir en quelque façon rendre mon âme transparente aux yeux du lecteur; et pour cela je cherche à la lui montrer sous tous les points de vue, à l'éclairer par tous les jours, à faire en sorte qu'il ne s'y passe pas un mouvement qu'il n'aperçoive, afin qu'il puisse juger par lui-même du principe qui les produit.

Si je me chargeois du résultat et que je lui disse : « Tel est mon caractère », il pourroit croire, sinon que je le trompe, au moins que je me trompe; mais, en lui détaillant avec simplicité tout ce qui m'est arrivé, tout ce que j'ai fait, tout ce que j'ai pensé, tout ce que j'ai senti, je ne puis l'induire en erreur, à moins que je ne le veuille; encore même en le voulant n'y parviendrois-je pas aisément de cette façon. C'est à lui d'assembler ces élémens et de déterminer l'être qu'ils composent : le résultat doit être son ouvrage ; et, s'il se trompe alors, toute l'erreur sera de son fait. Or il ne suffit pas pour cette fin que mes récits soient fidèles, il faut aussi qu'ils soient exacts. Ce n'est pas à moi de juger de l'importance des faits ; je les dois tous dire, et lui laisser le soin de choisir. C'est à quoi je me suis appliqué jusqu'ici de tout mon courage, et je ne me relâcherai pas dans la suite. Mais les souvenirs de l'âge moyen sont toujours moins vifs que ceux de la première jeunesse. J'ai commencé par tirer de ceux-ci le meilleur parti qu'il m'étoit possible. Si les autres me reviennent avec la même force, des lecteurs impatiens s'ennuieront peut-être, mais moi je ne serai pas mécontent de mon travail. Je n'ai qu'une chose à craindre dans cette entreprise : ce n'est pas de trop dire ou de dire des mensonges, mais c'est de ne pas tout dire et de taire des vérités.

LIVRE CINQUIÈME

(1732—1736)

Ce fut, ce me semble, en 1732 que j'arrivai à Chambéri, comme je viens de le dire, et que je commençai d'être employé au cadastre pour le service du roi. J'avois vingt ans passés, près de vingt et un. J'étois assez formé pour mon âge du côté de l'esprit ; mais le jugement ne l'étoit guère, et j'avois grand besoin des mains dans lesquelles je tombai pour apprendre à me conduire : car quelques années d'expérience n'avoient pu me guérir encore radicalement de mes visions romanesques, et, malgré tous les maux que j'avois soufferts, je connoissois aussi peu le monde et les hommes que si je n'avois pas acheté ces instructions.

Je logeai chez moi, c'est-à-dire chez maman ; mais je ne retrouvai pas ma chambre d'Annecy. Plus de jardin, plus de ruisseau, plus de paysage. La maison qu'elle occupoit étoit sombre et triste, et ma chambre étoit la plus sombre et la plus triste de la maison. Un mur pour vue, un cul-de-

LE RAT DE Mme DE WARENS.
(Confessions, Liv. V.)

sac pour rue, peu d'air, peu de jour, peu d'espace, des grillons, des rats, des planches pourries ; tout cela ne faisoit pas une plaisante habitation. Mais j'étois chez elle, auprès d'elle ; sans cesse à mon bureau ou dans sa chambre, je m'apercevois peu de la laideur de la mienne, je n'avois pas le temps d'y rêver. Il paroîtra bizarre qu'elle se fût fixée à Chambéri tout exprès pour habiter cette vilaine maison : cela même fut un trait d'habileté de sa part que je ne dois pas taire. Elle alloit à Turin avec répugnance, sentant bien qu'après des révolutions toutes récentes et dans l'agitation où l'on étoit encore à la cour, ce n'étoit pas le moment de s'y présenter. Cependant ses affaires demandoient qu'elle s'y montrât : elle craignoit d'être oubliée ou desservie ; elle savoit surtout que le comte de Saint-Laurent, intendant général des finances, ne la favorisoit pas. Il avoit à Chambéri une maison vieille, mal bâtie, et dans une si vilaine position qu'elle restoit toujours vide : elle la loua et s'y établit. Cela lui réussit mieux qu'un voyage ; sa pension ne fut point supprimée, et depuis lors le comte de Saint-Laurent fut toujours de ses amis.

J'y trouvai son ménage à peu près monté comme auparavant, et le fidèle Claude Anet toujours avec elle. C'étoit, comme je crois l'avoir dit, un paysan de Moutru, qui, dans son enfance, herborisoit dans le Jura pour faire du thé de Suisse, et qu'elle avoit pris à son service à cause de ses drogues, trouvant commode d'avoir un herboriste dans son laquais. Il se passionna si bien pour l'étude des plantes, et elle favorisa si bien son goût, qu'il devint un vrai botaniste, et que, s'il ne fût mort jeune, il se seroit fait un nom dans cette science comme il en méritoit un parmi les honnêtes gens. Comme il étoit sérieux, même grave, et que j'étois plus jeune que lui, il devint pour moi une espèce de gouverneur qui me sauva beaucoup de folies : car il m'en imposoit, et je n'osois m'oublier devant lui. Il en imposoit même à sa maîtresse, qui connoissoit son grand sens, sa droiture, son inviolable attachement pour elle, et qui le lui rendoit bien. Claude Anet étoit sans contredit un homme rare, et le seul même de son espèce que j'aie jamais vu. Lent, posé, réfléchi, circonspect dans sa conduite, froid dans ses manières, laconique et sentencieux dans ses propos, il étoit dans ses passions d'une impétuosité qu'il ne laissoit jamais paroître, mais qui le dévoroit en dedans, et qui ne lui a fait faire en sa vie qu'une sottise, mais terrible, c'est de s'être empoisonné. Cette scène tragique se passa peu après mon arrivée ; et il la falloit pour m'apprendre l'intimité de ce garçon avec sa maîtresse : car, si elle ne me l'eût dit elle-même, jamais je ne m'en serois douté. Assurément, si l'attachement, le zèle et la fidélité peuvent mériter une pareille récompense, elle lui étoit bien due, et, ce qui prouve qu'il en étoit digne, il n'en abusa jamais. Ils avoient rarement des querelles, et elles finissoient toujours bien. Il en vint pourtant une qui finit mal : sa maîtresse lui dit dans la colère un mot outrageant qu'il ne put digérer. Il ne consulta que son désespoir, et, trouvant sous sa main une fiole de laudanum, il l'avala, puis fut se coucher tranquillement, comptant ne se réveiller jamais. Heureusement Mme de Warens, inquiète, agitée elle-même, errant dans sa maison, trouva la fiole vide et devina le reste. En volant à son secours, elle poussa des cris qui m'attirèrent. Elle m'avoua tout, implora mon assistance, et parvint avec beaucoup de peine à lui faire vomir l'opium. Témoin de cette scène, j'admirai ma bêtise de n'avoir jamais eu le moindre soupçon des liaisons qu'elle m'apprenoit. Mais Claude Anet étoit si discret que de plus clairvoyans auroient pu s'y méprendre. Le raccommodement fut tel que j'en fus vivement touché moi-même ; et depuis ce temps, ajoutant pour lui le respect à l'estime, je devins en quelque façon son élève et ne m'en trouvai pas plus mal.

Je n'appris pourtant pas sans peine que quelqu'un pouvoit vivre avec elle dans une plus grande intimité que moi. Je n'avois pas songé même à désirer pour moi cette place ; mais il m'étoit dur de la voir remplir par un autre, cela étoit fort naturel. Cependant, au lieu de prendre en aversion celui qui me l'avoit soufflée, je sentis réellement s'étendre à lui l'attachement que j'avois pour elle. Je désirois sur toute chose qu'elle fût heureuse ; et, puisqu'elle avoit besoin de lui pour l'être, j'étois content qu'il fût heureux aussi. De son côté, il entroit parfaitement dans les vues de sa maîtresse, et prit en sincère amitié l'ami qu'elle s'étoit choisi. Sans affecter avec moi l'autorité que son poste le mettoit en droit de prendre, il prit naturellement celle que son jugement lui donnoit sur le mien. Je n'osois rien faire qu'il parût désapprouver, et il ne désapprouvoit que ce qui étoit mal. Nous vivions ainsi dans une union qui nous rendoit tous heureux, et que la mort seule a pu détruire. Une des preuves de l'excellence du caractère de cette aimable femme est que tous ceux qui l'aimoient s'aimoient entre eux. La jalousie, la rivalité même cédoit au sentiment dominant qu'elle inspiroit, et je n'ai vu jamais aucun de ceux qui l'entouroient se vouloir du mal l'un à l'autre. Que ceux qui me lisent suspendent un moment leur lecture à cet éloge, et, s'ils trouvent en y pensant quelque autre femme dont ils puissent dire la même chose, qu'ils s'attachent à elle pour le repos de leur vie (fût-elle au reste la dernière des catins).

Ici commence, depuis mon arrivée à Chambéri jusqu'à mon départ pour Paris, en 1741, un intervalle de huit ou neuf ans, durant lequel j'aurai peu d'événemens à dire, parce que ma vie a été aussi simple que douce; et cette uniformité étoit précisément ce dont j'avois le plus grand besoin pour achever de former mon caractère, que des troubles continuels empêchoient de se fixer. C'est durant ce précieux intervalle que mon éducation mêlée et sans suite, ayant pris de la consistance, m'a fait ce que je n'ai plus cessé d'être à travers les orages qui m'attendoient. Ce progrès fut insensible et lent, chargé de peu d'événemens mémorables; mais il mérite cependant d'être suivi et développé.

Au commencement je n'étois guère occupé que de mon travail; la gêne du bureau ne me laissoit pas songer à autre chose. Le peu de temps que j'avois de libre se passoit auprès de la bonne maman; et, n'ayant pas même celui de lire, la fantaisie ne m'en prenoit pas. Mais, quand ma besogne, devenue une espèce de routine, occupa moins mon esprit, il reprit ses inquiétudes, la lecture me redevint nécessaire; et, comme si ce goût se fût toujours irrité par la difficulté de m'y livrer, il seroit redevenu passion comme chez mon maître, si d'autres goûts venus à la traverse n'eussent fait diversion à celui-là.

Quoiqu'il ne fallût pas à nos opérations une arithmétique bien transcendante, il en falloit assez pour m'embarrasser quelquefois. Pour vaincre cette difficulté, j'achetai des livres d'arithmétique, et je l'appris bien, car je l'appris seul. L'arithmétique pratique s'étend plus loin qu'on ne pense quand on veut y mettre l'exacte précision. Il y a des opérations d'une longueur extrême, au milieu desquelles j'ai vu quelquefois de bons géomètres s'égarer. La réflexion jointe à l'usage donne des idées nettes ; et alors on trouve des méthodes abrégées, dont l'invention flatte l'amour-propre, dont la justesse satisfait l'esprit, et qui font faire avec plaisir un travail ingrat par lui-même. Je m'y enfonçai si bien qu'il n'y avoit point de question soluble par les seuls chiffres qui m'embarrassât ; et, maintenant que tout ce que j'ai su s'efface journellement de ma mémoire, cet acquis y demeure encore en partie, au bout de trente ans d'interruption. Il y a quelques jours que dans un voyage que j'ai fait à Davenport, chez mon hôte, assistant à la leçon d'arithmétique de ses enfans, j'ai fait sans faute, avec un plaisir incroyable, une opération des plus composées. Il me sembloit, en posant mes chiffres, que j'étois encore à Chambéri, dans mes heureux jours. C'étoit revenir de loin sur mes pas.

Le lavis des mappes de nos géomètres m'avoit aussi rendu le goût du dessin. J'achetai des couleurs, et je me mis à faire des fleurs et des paysages. C'est dommage que je me sois trouvé peu de talent pour cet art, l'inclination y étoit tout entière. Au milieu de mes crayons et de mes pinceaux j'aurois passé des mois entiers sans sortir. Cette occupation devenant pour moi trop attachante, on étoit obligé de m'en arracher. Il en est ainsi de tous les goûts auxquels je commence à me livrer : ils augmentent, deviennent passion, et bientôt je ne vois plus rien au monde que l'amusement dont je suis occupé. L'âge ne m'a pas guéri de ce défaut, et ne l'a pas diminué même ; et, maintenant que j'écris ceci, me voilà comme un vieux radoteur engoué d'une autre étude inutile où je n'entends rien, et que ceux même qui s'y sont livrés dans leur jeunesse sont forcés d'abandonner à l'âge où je la veux commencer.

C'étoit alors qu'elle eût été à sa place. L'occasion étoit belle, et j'eus quelque tentation d'en profiter. Le contentement que je voyois dans les yeux d'Anet, revenant chargé de plantes nouvelles, me mit deux ou trois fois sur le point d'aller herboriser avec lui. Je suis presque assuré que, si j'y avois été une seule fois, cela m'auroit gagné ; et je serois peut-être aujourd'hui un grand botaniste : car je ne connois point d'étude au monde qui s'associe mieux avec mes goûts naturels que celle des plantes, et la vie que je mène depuis dix ans à la campagne n'est guère qu'une herborisation continuelle, à la vérité sans objet et sans progrès ; mais, n'ayant alors aucune idée de la botanique, je l'avois prise en une sorte de mépris et même de dégoût ; je ne la regardois que comme une étude d'apothicaire. Maman, qui l'aimoit, n'en faisoit pas elle-même un autre usage ; elle ne recherchoit que les plantes usuelles, pour les appliquer à ses drogues. Ainsi la botanique, la chimie et l'anatomie, confondues dans mon esprit sous le nom de médecine, ne servoient qu'à me fournir des sarcasmes plaisans toute la journée, et à m'attirer des soufflets de temps en temps. D'ailleurs un goût différent et trop contraire à celui-là croissoit par degrés, et bientôt absorba tous les autres. Je parle de la musique. Il faut assurément que je sois né pour cet art, puisque j'ai commencé de l'aimer dès mon enfance, et qu'il est le seul que j'aie aimé constamment dans tous les temps. Ce qu'il y a d'étonnant est qu'un art pour lequel j'étois né m'ait néanmoins tant coûté de peine à apprendre, et avec des succès si lents qu'après une pratique de toute ma vie jamais je n'ai pu parvenir à chanter sûrement tout à livre ouvert. Ce qui me rendoit surtout alors cette étude agréable étoit que je la pouvois faire avec maman. Ayant des goûts d'ailleurs fort différens, la musique étoit pour nous un point de réunion dont j'aimois à faire usage. Elle ne s'y refusoit pas : j'étois alors à peu près aussi avancé qu'elle, en deux ou trois fois nous déchiffrions un air. Quelquefois, la voyant empressée autour d'un fourneau, je lui disois : « Maman, voici un duo charmant qui m'a bien l'air de faire sentir l'empyreume à vos drogues. — Ah ! par ma foi ! me disoit-elle, si tu me les fais brûler, je te les ferai manger. » Tout en disputant, je l'entraînois à son clavecin : on s'y oublioit ; l'extrait de genièvre ou d'absinthe étoit calciné : elle m'en barbouilloit le visage, et tout cela étoit délicieux.

On voit qu'avec peu de temps de reste j'avois beaucoup de choses à quoi l'employer. Il me vint pourtant encore un amusement de plus qui fit bien valoir tous les autres.

Nous occupions un cachot si étouffé qu'on avoit besoin quelquefois d'aller prendre l'air sur la terre. Anet engagea maman à louer, dans un faubourg, un jardin pour y mettre des plantes. A ce jardin étoit jointe une guinguette assez jolie, qu'on meubla suivant l'ordonnance : on y mit un lit. Nous allions souvent y dîner, et j'y couchois quelquefois. Insensiblement je m'engouai de cette petite retraite, j'y mis quelques livres, beaucoup d'estampes ; je passois une partie de mon temps à l'orner, et à y préparer à maman quelque surprise agréable lorsqu'elle s'y venoit promener. Je la quittois pour venir m'occuper d'elle, pour y penser avec plus de plaisir : autre caprice que je n'excuse ni n'explique, mais que j'avoue parce que la chose étoit ainsi. Je me souviens qu'une fois Mme de Luxembourg me parloit en raillant d'un homme qui quittoit sa maîtresse pour lui écrire. Je lui dis que j'aurois bien été cet homme-là, et j'aurois pu ajouter que je l'avois été quelquefois. Je n'ai pourtant jamais senti près de maman ce besoin de m'éloigner d'elle pour l'aimer davantage : car tête à tête avec elle j'étois aussi parfaitement à mon aise que si j'eusse été seul ; et cela ne m'est jamais arrivé près de personne autre, ni homme ni femme, quelque attachement que j'aie eu pour eux. Mais elle étoit si souvent entourée, et de gens qui me convenoient si peu, que le dépit et l'ennui me chassoient dans mon asile, où je l'avois comme je la voulois, sans crainte que les importuns vinssent nous y suivre.

Tandis qu'ainsi partagé entre le travail, le plaisir et l'instruction, je vivois dans le plus doux repos, l'Europe n'étoit pas si tranquille que moi. La France et l'Empereur venoient de s'entre-déclarer la guerre; le roi de Sardaigne étoit entré dans la querelle, et l'armée françoise filoit en Piémont pour entrer dans le Milanais. Il en passa une colonne par Chambéri, et entre autres le régiment de Champagne, dont étoit colonel M. le duc de La Trimouille, auquel je fus présenté, qui me promit beaucoup de choses, et qui sûrement n'a jamais repensé à moi. Notre petit jardin étoit précisément au haut du faubourg par lequel entroient les troupes, de sorte que je me rassasiois du plaisir d'aller les voir passer, et je me passionnois pour le succès de cette guerre comme s'il m'eût beaucoup intéressé. Jusque-là je ne m'étois pas encore avisé de songer aux affaires publiques, et je me mis à lire les gazettes pour la première fois, mais avec une telle partialité pour la France que le cœur me battoit de joie à ses moindres avantages, et que ses revers m'affligeoient comme s'ils fussent tombés sur moi. Si cette folie n'eût été que passagère, je ne daignerois pas en parler; mais elle s'est tellement enracinée dans mon cœur sans aucune raison que, lorsque j'ai fait dans la suite, à Paris, l'antidespote et le fier républicain, je sentois en dépit de moi-même une prédilection secrète pour cette même nation que je trouvois servile, et pour ce gouvernement que j'affectois de fronder. Ce qu'il y avoit de plaisant étoit qu'ayant honte d'un penchant si contraire à mes maximes, je n'osois l'avouer à personne, et je raillois les François de leurs défaites, tandis que le cœur m'en saignoit plus qu'à eux. Je suis sûrement le seul qui, vivant chez une nation qui le traitoit bien et qu'il adoroit, se soit fait chez elle un faux air de la dédaigner. Enfin ce penchant s'est trouvé si désintéressé de ma part, si fort, si constant, si invincible, que, même depuis ma sortie du royaume, depuis que le gouvernement, les magistrats, les auteurs, s'y sont à l'envi déchaînés contre moi, depuis qu'il est devenu du bon air de m'accabler d'injustices et d'outrages, je n'ai pu me guérir de ma folie. Je les aime en dépit de moi, quoiqu'ils me maltraitent.

J'ai cherché longtemps la cause de cette partialité, et je n'ai pu la trouver que dans l'occasion qui la vit naître. Un goût croissant pour la littérature m'attachoit aux livres françois, aux auteurs de ces livres et au pays de ces auteurs. Au moment même que défiloit sous mes yeux l'armée françoise, je lisois les *Grands Capitaines* de Brantôme. J'avois la tête pleine des Clisson, des Bayard, des Lautrec, des Coligny, des Montmorency, des La Trimouille, et je m'affectionnois à leurs descendans comme aux héritiers de leur mérite et de leur courage. A chaque régiment qui passoit, je croyois revoir ces fameuses bandes noires qui jadis avoient fait tant d'exploits en Piémont. Enfin j'appliquois à ce que je voyois les idées que je puisois dans les livres : mes lectures continuées et toujours tirées de la même nation nourrissoient mon affection pour elle, et m'en firent enfin une passion aveugle que rien n'a pu surmonter. J'ai eu dans la suite occasion de remarquer dans mes voyages que cette impression ne m'étoit pas particulière, et qu'agissant plus ou moins dans tous les pays sur la partie de la nation qui aimoit la lecture et qui cultivoit les lettres, elle balançoit la haine générale qu'inspire l'air avantageux des François. Les romans plus que les hommes leur attachent les femmes de tous les pays; leurs chefs-d'œuvre dramatiques affectionnent la jeunesse à leurs théâtres. La célébrité de celui de Paris y attire des foules d'étrangers qui en reviennent enthousiastes. Enfin l'excellent goût de leur littérature leur soumet tous les esprits qui en ont ; et, dans la guerre si malheureuse dont ils sortent, j'ai vu leurs auteurs et leurs philosophes soutenir la gloire du nom françois ternie par leurs guerriers.

J'étois donc François ardent, et cela me rendit nouvelliste. J'allois avec la foule des gobe-mouches attendre sur la place l'arrivée des courriers; et, plus bête que l'âne de la fable, je m'inquiétois beaucoup pour savoir de quel maître j'aurois l'honneur de porter le bât : car on prétendoit alors que nous appartiendrions à la France, et l'on faisoit de la Savoie un échange pour le Milanais. Il faut pourtant convenir que j'avois quelques sujets de crainte : car, si cette guerre eût mal tourné pour les alliés, la pension de maman couroit un grand risque. Mais j'étois plein de confiance dans mes bons amis ; et pour le coup, malgré la surprise de M. de Broglie, cette confiance ne fut pas trompée, grâce au roi de Sardaigne, à qui je n'avois pas pensé.

Tandis qu'on se battoit en Italie, on chantoit en France. Les opéras de Rameau commençoient à faire du bruit, et relevèrent ses ouvrages théoriques, que leur obscurité laissoit à la portée de peu de gens. Par hasard j'entendis parler de son *Traité de l'harmonie*, et je n'eus point de repos que je n'eusse acquis ce livre. Par un autre hasard je tombai malade. La maladie étoit inflammatoire ; elle fut vive et courte, mais ma convalescence fut longue, et je ne fus d'un mois en état de sortir. Durant ce temps j'ébauchai, je dévorai mon *Traité de l'harmonie ;* mais il étoit si long, si diffus, si mal arrangé, que je sentis qu'il me falloit un temps considérable pour l'étudier et le débrouiller. Je suspendois mon application et je récréois mes yeux avec de la musique. Les cantates de Bernier, sur lesquelles je m'exerçois, ne me sortoient pas de l'esprit. J'en appris par cœur quatre ou cinq, entre autres celles des *Amours dormans*, que je n'ai pas

revue depuis ce temps-là, et que je sais encore
presque tout entière, de même que *l'Amour piqué
par une abeille,* très jolie cantate de Clérambault,
que j'appris à peu près dans le même temps.

Pour m'achever, il arriva de la Val-d'Aost un
jeune organiste appelé l'abbé Palais, bon musicien, bon homme, et qui accompagnoit très bien
du clavecin. Je fais connoissance avec lui ; nous
voilà inséparables. Il étoit l'élève d'un moine italien, grand organiste. Il me parloit de ses principes : je les comparois avec ceux de mon Rameau ;
je remplissois ma tête d'accompagnemens, d'accords, d'harmonie. Il falloit se former l'oreille à
tout cela. Je proposai à maman un petit concert
tous les mois : elle y consentit. Me voilà si plein
de ce concert que ni jour ni nuit je ne m'occupois
d'autre chose ; et réellement cela m'occupoit, et
beaucoup, pour rassembler la musique, les concertans, les instrumens, tirer les parties, etc. Maman
chantoit, le P. Caton, dont j'ai parlé et dont j'ai à
parler encore, chantoit aussi ; un maître à danser,
appelé Roche, et son fils, jouoient du violon ;
Canavas, musicien piémontois, qui travailloit au
cadastre, et qui depuis s'est marié à Paris, jouoit
du violoncelle ; l'abbé Palais accompagnoit du clavecin ; j'avois l'honneur de conduire la musique,
sans oublier le bâton du bûcheron. On peut juger
combien tout cela étoit beau ! pas tout à fait
comme chez M. de Treytorens, mais il ne s'en
falloit guère.

Le petit concert de Mme de Warens, nouvelle convertie, et vivant, disoit-on, des charités du roi, faisoit murmurer la séquelle dévote ; mais c'étoit un amusement agréable pour plusieurs honnêtes gens. On ne devineroit pas qui je mets à leur tête en cette occasion : un moine, mais un moine homme de mérite, et même aimable, dont les infortunes m'ont dans la suite bien vivement affecté, et dont la mémoire, liée à celle de mes beaux jours, m'est encore chère. Il s'agit du P. Caton, cordelier, qui, conjointement avec le comte Dortan, avoit fait saisir à Lyon la musique du pauvre *petit chat ;* ce qui n'est pas le plus beau trait de sa vie. Il étoit bachelier de Sorbonne ; il avoit vécu longtemps à Paris dans le plus grand monde, et très faufilé surtout chez le marquis d'Antremont, alors ambassadeur de Sardaigne. C'étoit un grand homme, bien fait, le visage plein, les yeux à fleur de tête, des cheveux noirs qui faisoient sans affectation le crochet à côté du front, l'air à la fois noble, ouvert, modeste, se présentant simplement et bien, n'ayant ni le maintien cafard ou effronté des moines, ni l'abord cavalier d'un homme à la mode, quoiqu'il le fût, mais l'assurance d'un honnête homme qui, sans rougir de sa robe, s'honore lui-même et se sent toujours à sa place parmi les honnêtes gens. Quoique le P. Caton n'eût pas beaucoup d'étude pour un docteur, il en avoit beaucoup pour un homme du monde ; et, n'étant point pressé de montrer son acquis, il le plaçoit si à propos qu'il en paroissoit davantage. Ayant beaucoup vécu dans la société, il s'étoit plus attaché aux talens agréables qu'à un solide savoir. Il avoit de l'esprit, faisoit des vers, parloit bien, chantoit mieux, avoit la voix belle, touchoit l'orgue et le clavecin. Il n'en falloit pas tant pour être recherché : aussi l'étoit-il ; mais cela lui fit si peu négliger les soins de son état qu'il parvint, malgré des concurrens très jaloux, à être élu définiteur de sa province, ou, comme on dit, un des grands colliers de l'ordre.

Ce P. Caton fit connoissance avec maman chez le marquis d'Antremont. Il entendit parler de nos concerts, il voulut en être ; il en fut, et les rendit brillans. Nous fûmes bientôt liés par notre goût commun pour la musique, qui, chez l'un et chez l'autre, étoit une passion très vive ; avec cette différence qu'il étoit vraiment musicien, et que je n'étois qu'un barbouillon. Nous allions avec Canavas et l'abbé Palais faire de la musique dans sa chambre, et quelquefois à son orgue les jours de fête. Nous dînions souvent à son petit couvert : car ce qu'il y avoit encore d'étonnant pour un moine est qu'il étoit généreux, magnifique et sensuel sans grossièreté. Les jours de nos concerts, il soupoit chez maman. Ces soupers étoient très gais, très agréables ; on y disoit le mot et la chose ; on y chantoit des duos ; j'étois à mon aise ; j'avois de l'esprit, des saillies ; le P. Caton étoit charmant, maman étoit adorable ; l'abbé Palais, avec sa voix de bœuf, étoit le plastron. Momens si doux de la folâtre jeunesse, qu'il y a de temps que vous êtes partis !

Comme je n'aurai plus à parler de ce pauvre P. Caton, que j'achève ici en deux mots sa triste histoire. Les autres moines, jaloux ou plutôt furieux de lui voir un mérite, une élégance de mœurs qui n'avoit rien de la crapule monastique, le prirent en haine parce qu'il n'étoit pas aussi haïssable qu'eux. Les chefs se liguèrent contre lui, et ameutèrent les moinillons envieux de sa place, et qui n'osoient auparavant le regarder. On lui fit mille affronts, on le destitua, on lui ôta sa chambre, qu'il avoit meublée avec goût quoique avec simplicité ; on le relégua je ne sais où ; enfin, ces misérables l'accablèrent de tant d'outrages que son âme honnête, et fière avec justice, n'y put résister ; et, après avoir fait les délices des sociétés les plus aimables, il mourut de douleur sur un vil grabat, dans quelque fond de cellule ou de cachot, regretté, pleuré de tous les honnêtes gens dont il fut connu, et qui ne lui ont trouvé d'autre défaut que d'être moine.

Avec ce petit train de vie, je fis si bien en très peu de temps qu'absorbé tout entier par la musique, je me trouvai hors d'état de penser à autre chose. Je n'allois plus à mon bureau qu'à contrecœur ; la gêne et l'assiduité au travail m'en firent un supplice insupportable, et j'en vins enfin à vouloir quitter mon emploi, pour me livrer totalement à la musique. On peut croire que cette folie ne passa pas sans opposition. Quitter un poste honnête et d'un revenu fixe pour courir après des écoliers incertains étoit un parti trop peu sensé pour plaire à maman. Même en supposant mes progrès futurs aussi grands que je me les figurois, c'étoit borner bien modestement mon ambition que de me réduire pour la vie à l'état de musicien. Elle, qui ne formoit que des projets magnifiques, et qui ne me prenoit plus tout à fait au mot de M. d'Aubonne, me voyoit avec peine occupé sérieusement d'un talent qu'elle trouvoit si frivole, et me répétoit souvent ce proverbe de province, un peu moins juste à Paris, que *qui bien chante et bien danse fait un métier qui peu avance.* Elle me voyoit d'un autre côté entraîné par un goût irrésistible; ma passion de musique devenoit une fureur, et il étoit à craindre que mon travail, se sentant de mes distractions, ne m'attirât un congé qu'il valoit beaucoup mieux prendre de moi-même. Je lui représentois encore que cet emploi n'avoit pas longtemps à durer, qu'il me falloit un talent pour vivre, et qu'il étoit plus sûr d'achever d'acquérir par la pratique celui auquel mon goût me portoit, et qu'elle m'avoit choisi, que de me mettre à la merci des protections, ou de faire de nouveaux essais qui pouvoient mal réussir et me laisser, après avoir passé l'âge d'apprendre, sans ressource pour gagner mon pain. Enfin j'extorquai son consentement plus à force d'importunités et de caresses que de raisons dont elle se contentât. Aussitôt je courus remercier fièrement M. Coccelli, directeur général du cadastre, comme si j'avois fait l'acte le plus héroïque; et je quittai volontairement mon emploi sans sujet, sans raison, sans prétexte, avec autant et plus de joie que je n'en avois eu à le prendre il n'y avoit pas deux ans.

Cette démarche, toute folle qu'elle étoit, m'attira, dans le pays, une sorte de considération qui me fut utile. Les uns me supposèrent des ressources que je n'avois pas; d'autres, me voyant livré tout à fait à la musique, jugèrent de mon talent par mon sacrifice, et crurent qu'avec tant de passion pour cet art je devois le posséder supérieurement. Dans le royaume des aveugles les borgnes sont rois : je passai là pour un bon maître, parce qu'il n'y en avoit que de mauvais. Ne manquant pas, au reste, d'un certain goût de chant, favorisé d'ailleurs par mon âge et par ma figure, j'eus bientôt plus d'écolières qu'il ne m'en falloit pour remplacer ma paye de secrétaire.

Il est certain que pour l'agrément de la vie on ne pouvoit passer plus rapidement d'une extrémité à l'autre. Au cadastre, occupé huit heures par jour du plus maussade travail, avec des gens encore plus maussades; enfermé dans un triste bureau empuanti de l'haleine et de la sueur de tous ces manans, la plupart fort mal peignés et fort malpropres, je me sentois quelquefois accablé jusqu'au vertige par l'attention, l'odeur, la gêne et l'ennui. Au lieu de cela, me voilà tout à coup jeté parmi le beau monde, admis, recherché dans les meilleures maisons ; partout un accueil gracieux, caressant, un air de fête : d'aimables demoiselles bien parées m'attendent, me reçoivent avec empressement, je ne vois que des objets charmans, je ne sens que la rose et la fleur d'orange ; on chante, on cause, on rit, on s'amuse ; je ne sors de là que pour aller ailleurs en faire autant. On conviendra qu'à égalité dans les avantages, il n'y avoit pas à balancer dans le choix. Aussi me trouvai-je si bien du mien qu'il ne m'est arrivé jamais de m'en repentir ; et je ne m'en repens pas même en ce moment, où je pèse au poids de la raison les actions de ma vie, et où je suis délivré des motifs peu sensés qui m'ont entraîné.

Voilà presque l'unique fois qu'en n'écoutant que mes penchans je n'ai pas vu tromper mon attente. L'accueil aisé, l'esprit liant, l'humeur facile des habitans du pays, me rendit le commerce du monde aimable ; et le goût que j'y pris alors m'a bien prouvé que, si je n'aime pas à vivre parmi les hommes, c'est moins ma faute que la leur.

C'est dommage que les Savoyards ne soient pas riches, ou peut-être seroit-ce dommage qu'ils le fussent : car, tels qu'ils sont, c'est le meilleur et le plus sociable peuple que je connoisse. S'il est une petite ville au monde où l'on goûte la douceur de la vie dans un commerce agréable et sûr, c'est Chambéri. La noblesse de la province, qui s'y rassemble, n'a que ce qu'il faut de bien pour vivre, elle n'en a pas assez pour parvenir ; et, ne pouvant se livrer à l'ambition, elle suit, par nécessité, le conseil de Cinéas. Elle dévoue sa jeunesse à l'état militaire, puis revient vieillir paisiblement chez soi. L'honneur et la raison président à ce partage. Les femmes sont belles, et pourroient se passer de l'être ; elles ont tout ce qui peut faire valoir la beauté, et même y suppléer. Il est singulier qu'appelé par mon état à voir beaucoup de jeunes filles, je ne me rappelle pas d'en avoir vu, à Chambéri, une seule qui ne fût pas charmante. On dira que j'étois disposé à les trouver telles, et l'on peut avoir raison ; mais je n'avois pas besoin d'y mettre du mien pour cela. Je ne puis, en vérité, me rappeler sans plaisir le souvenir de mes jeunes écolières. Que ne puis-je, en nommant ici les plus aimables, les rappeler de même, et moi avec elles, à l'âge heureux où nous étions lors des momens aussi doux qu'innocens que j'ai passés auprès d'elles ! La première fut Mlle de Mellarède, ma voisine, sœur de l'élève de M. Gaime. C'étoit une brune très vive, mais d'une vivacité caressante, pleine de grâce et sans étourderie. Elle étoit un peu maigre, comme sont la plupart des filles à son âge ; mais ses yeux brillans, sa taille fine, son air attirant, n'avoient pas besoin d'embonpoint pour plaire. J'y allois le matin, et elle étoit encore ordinairement en déshabillé, sans autre coiffure que ses cheveux négligemment relevés, ornés de quelques fleurs qu'on mettoit à mon arrivée, et qu'on ôtoit à mon départ pour se coiffer. Je ne crains rien tant dans le monde qu'une jolie personne en déshabillé; je la redouterois cent fois moins parée. Mlle de Menthon, chez qui j'allois l'après-midi, l'étoit toujours, et me faisoit une impression tout aussi douce, mais différente. Ses cheveux étoient d'un blond cendré; elle étoit très mignonne, très timide et très blanche; une voix nette, juste et flûtée, mais qui n'osoit se développer. Elle avoit au sein la cicatrice d'une brûlure d'eau bouillante, qu'un fichu de chenille bleue ne cachoit pas extrêmement. Cette marque attiroit quelquefois de ce côté mon attention, qui bientôt n'étoit plus pour la cicatrice. Mlle de Challes, une autre de mes voisines, étoit une fille faite; grande, belle carrure, de l'embonpoint : elle avoit été très bien. Ce n'étoit plus une beauté, mais c'étoit une personne à citer pour la bonne grâce, pour l'humeur égale, pour le bon naturel. Sa sœur, Mme de Charly, la plus belle femme de Chambéri, n'apprenoit plus la musique, mais elle la faisoit apprendre à sa fille, toute jeune encore, mais dont la beauté naissante eût promis d'égaler celle de sa mère, si malheureusement elle n'eût été un peu rousse. J'avois à la Visitation une petite demoiselle françoise dont j'ai oublié le nom, mais qui mérite une place dans la liste de mes préférences. Elle avoit pris le ton lent et traînant des religieuses, et sur ce ton traînant elle disoit des choses très saillantes, qui ne sembloient point aller avec son maintien. Au reste elle étoit paresseuse, n'aimant pas à prendre la peine de montrer son esprit, et c'étoit une faveur qu'elle n'accordoit pas à tout le monde. Ce ne fut qu'après un mois ou deux de leçons et de négligence qu'elle s'avisa de cet expédient pour me rendre plus assidu : car je n'ai jamais pu prendre sur moi de l'être. Je me plaisois à mes leçons quand j'y étois, mais je n'aimois pas être obligé de m'y rendre, ni que l'heure me commandât : en toute chose la gêne et l'assujettissement me sont insupportables ; ils me feroient prendre en haine le plaisir même. On dit que chez les mahométans un homme passe au point du jour dans les rues pour ordonner aux maris de rendre le devoir à leurs femmes. Je serois un mauvais Turc à ces heures-là.

J'avois quelques écolières aussi dans la bourgeoisie, et une entre autres qui fut la cause indirecte d'un changement de relation dont j'ai à parler, puisque enfin je dois tout dire. Elle étoit fille d'un épicier, et se nommoit Mlle Lard, vrai modèle d'une statue grecque, et que je citerois pour la plus belle fille que j'aie jamais vue, s'il y avoit quelque véritable beauté sans vie et sans âme. Son indolence, sa froideur, son insensibilité, alloient à un point incroyable. Il étoit également impossible de lui plaire et de la fâcher ; et je suis persuadé que, si l'on eût fait sur elle quelque entreprise, elle auroit laissé faire, non par goût, mais par stupidité. Sa mère, qui n'en vouloit pas courir le risque, ne la quittoit pas d'un pas. En lui faisant apprendre à chanter, en lui donnant un jeune maître, elle faisoit tout de son mieux pour l'émoustiller; mais cela ne réussit point. Tandis que le maître agaçoit la fille, la mère agaçoit le maître, et cela ne réussissoit pas beaucoup mieux. Mme Lard ajoutoit à sa vivacité naturelle toute celle que sa fille auroit dû avoir. C'étoit un petit minois éveillé, chiffonné, marqué de petite vérole. Elle avoit de petits yeux très ardens, et un peu rouges, parce qu'elle y avoit presque toujours mal. Tous les matins, quand j'arrivois, je trouvois prêt mon café à la crème; et la mère ne manquoit jamais de m'accueillir par un baiser bien appliqué sur la bouche, et que par curiosité j'aurois bien voulu rendre à la fille, pour voir comment elle l'auroit pris. Au reste, tout cela se faisoit si simplement et si fort sans conséquence que, quand M. Lard étoit là, les agaceries et les baisers n'en alloient pas moins leur train. C'étoit une bonne pâte d'homme, le vrai père de sa fille, et que sa femme ne trompoit pas, parce qu'il n'en étoit pas besoin.

Je me prêtois à toutes ces caresses avec ma balourdise ordinaire, les prenant tout bonnement pour des marques de pure amitié. J'en étois pourtant importuné quelquefois, car la vive Mme Lard ne laissoit pas d'être exigeante; et, si dans la journée j'avois passé devant la boutique sans m'arrêter, il y auroit eu du bruit. Il falloit, quand j'étois pressé, que je prisse un détour pour passer dans une autre rue, sachant bien qu'il n'étoit pas aussi aisé de sortir de chez elle que d'y entrer.

Mme Lard s'occupoit trop de moi pour que je ne m'occupasse point d'elle. Ses attentions me touchoient beaucoup. J'en parlois à maman comme d'une chose sans mystère ; et, quand il y en auroit eu, je ne lui en aurois pas moins parlé : car lui faire un secret de quoi que ce fût ne m'eût pas été possible ; mon cœur étoit ouvert devant elle comme devant Dieu. Elle ne prit pas tout à fait la chose avec la même simplicité que moi. Elle vit des avances où je n'avois vu que des amitiés ; elle jugea que Mme Lard, se faisant un point d'honneur de me laisser moins sot qu'elle ne m'avoit trouvé, parviendroit de manière ou d'autre à se faire entendre ; et, outre qu'il n'étoit pas juste qu'une autre femme se chargeât de l'instruction de son élève, elle avoit des motifs plus dignes d'elle pour me garantir des piéges auxquels mon âge et mon état m'exposoient. Dans le même temps on m'en tendit un d'une espèce plus dangereuse, auquel j'échappai, mais qui lui fit sentir que les dangers qui me menaçoient sans cesse rendoient nécessaires tous les préservatifs qu'elle y pouvoit apporter.

Mme la comtesse de Menthon, mère d'une de mes écolières, étoit une femme de beaucoup d'esprit, et passoit pour n'avoir pas moins de méchanceté. Elle avoit été cause, à ce qu'on disoit, de bien des brouilleries, et d'une entre autres qui avoit eu des suites fatales à la maison d'Antremont. Maman avoit été assez liée avec elle pour connoître son caractère : ayant très innocemment inspiré du goût à quelqu'un sur qui Mme de Menthon avoit des prétentions, elle resta chargée auprès d'elle du crime de cette préférence, quoiqu'elle n'eût été ni recherchée ni acceptée ; et Mme de Menthon chercha depuis lors à jouer à sa rivale plusieurs tours dont aucun ne réussit. J'en rapporterai un des plus comiques par manière d'échantillon. Elles étoient ensemble à la campagne avec plusieurs gentilshommes du voisinage, et entre autres l'aspirant en question. Mme de Menthon dit un jour à un de ces messieurs que Mme de Warens n'étoit qu'une précieuse, qu'elle n'avoit point de goût, qu'elle se mettoit mal, qu'elle couvroit sa gorge comme une bourgeoise : « Quant à ce dernier article, lui dit l'homme, qui étoit un plaisant, elle a ses raisons, et je sais qu'elle a un gros vilain rat empreint sur le sein, mais si ressemblant qu'on diroit qu'il court. » La haine, ainsi que l'amour, rend crédule. Mme de Menthon résolut de tirer parti de cette découverte ; et, un jour que maman étoit au jeu avec l'ingrat favori de la dame, celle-ci prit son temps pour passer derrière sa rivale, puis, renversant à demi sa chaise, elle découvrit adroitement son mouchoir ; mais, au lieu du gros rat, le monsieur ne vit qu'un objet fort différent, qu'il n'étoit pas plus aisé d'oublier que de voir; et cela ne fit pas le compte de la dame.

Je n'étois pas un personnage à occuper Mme de Menthon, qui ne vouloit que des gens brillans autour d'elle; cependant elle fit quelque attention à moi, non pour ma figure, dont assurément elle ne se soucioit point du tout, mais pour l'esprit qu'on me supposoit, et qui m'eût pu rendre utile à ses goûts. Elle en avoit un assez vif pour la satire. Elle aimoit à faire des chansons et des vers sur les gens qui lui déplaisoient. Si elle m'eût trouvé assez de talent pour lui aider à tourner ses vers, et assez de complaisance pour les écrire, entre elle et moi nous aurions bientôt mis Chambéri sens dessus dessous. On seroit remonté à la source de ces libelles; Mme de Menthon se seroit tirée d'affaire en me sacrifiant, et j'aurois été enfermé le reste de mes jours peut-être, pour m'apprendre à faire le Phœbus avec les dames.

Heureusement rien de tout cela n'arriva. Mme de Menthon me retint à dîner deux ou trois fois pour me faire causer, et trouva que je n'étois qu'un sot. Je le sentois moi-même, et j'en gémissois, enviant les talens de mon ami Venture, tandis que j'aurois dû remercier ma bêtise des périls dont elle me sauvoit. Je demeurai pour Mme de Menthon le maître à chanter de sa fille, et rien de plus; mais je vécus tranquille et toujours bien voulu dans Chambéri. Cela valoit mieux que d'être un bel esprit pour elle et un serpent pour le reste du pays.

Quoi qu'il en soit, maman vit que pour m'arracher au péril de ma jeunesse il étoit temps de me traiter en homme; et c'est ce qu'elle fit, mais de la façon la plus singulière dont jamais femme se soit avisée en pareille occasion. Je lui trouvai l'air plus grave et le propos plus moral qu'à son ordinaire. A la gaieté folâtre dont elle entremêloit ordinairement ses instructions succéda tout à coup un ton toujours soutenu, qui n'étoit ni familier ni sévère, mais qui sembloit préparer une explication. Après avoir cherché vainement en moi-même la raison de ce changement, je la lui demandai; c'étoit ce qu'elle attendoit. Elle me proposa une promenade au petit jardin pour le lendemain : nous y fûmes dès le matin. Elle avoit pris ses mesures pour qu'on nous laissât seuls toute la journée : elle l'employa à me préparer aux bontés qu'elle vouloit avoir pour moi, non, comme une autre femme, par du manége et des agaceries, mais par des entretiens pleins de sentiment et de raison, plus faits pour m'instruire que pour me séduire, et qui parloient plus à mon cœur qu'à mes sens. Cependant, quelque excellens et utiles que fussent les discours qu'elle me tint, et quoiqu'ils ne fussent rien moins que froids et tristes, je n'y fis pas toute l'attention qu'ils méritoient, et je ne les gravai pas dans ma mémoire comme j'aurois fait dans tout autre temps. Son début, cet air de préparatif m'avoit donné de l'inquiétude : tandis qu'elle parloit, rêveur et distrait malgré moi, j'étois moins occupé de ce qu'elle disoit que de chercher à quoi elle en vouloit venir ; et, sitôt que je l'eus compris, ce qui ne me fut pas facile, la nouveauté de cette idée, qui depuis que je vivois auprès d'elle ne m'étoit pas venue une seule fois dans l'esprit, m'occupant alors tout entier, ne me laissa plus le maître de penser à ce qu'elle me disoit. Je ne pensois qu'à elle, et je ne l'écoutois pas.

Vouloir rendre les jeunes gens attentifs à ce qu'on leur veut dire, en leur montrant au bout un objet très intéressant pour eux, est un contre-sens très ordinaire aux instituteurs, et que je n'ai pas évité moi-même dans mon *Émile*. Le jeune homme, frappé de l'objet qu'on lui présente, s'en occupe uniquement, et saute à pieds joints par-dessus vos discours préliminaires pour aller d'abord où vous le menez trop lentement à son gré. Quand on veut le rendre attentif, il ne faut pas se laisser pénétrer d'avance ; et c'est en quoi maman fut maladroite. Par une singularité qui tenoit à son esprit systématique, elle prit la précaution très vaine de faire ses conditions ; mais, sitôt que j'en vis le prix, je ne les écoutai pas même, et je me dépêchai de consentir à tout. Je doute même qu'en pareil cas il y ait sur la terre entière un homme assez franc ou assez courageux pour oser marchander, et une seule femme qui pût pardonner de l'avoir fait. Par une suite de la même bizarrerie, elle mit à cet accord les formalités les plus graves, et me donna pour y penser huit jours, dont je l'assurai faussement que je n'avois pas besoin : car, pour comble de singularité, je fus très aise de les avoir, tant la nouveauté de ces idées m'avoit frappé, et tant je sentois un bouleversement dans les miennes qui me demandoit du temps pour les arranger !

On croira que ces huit jours me durèrent huit siècles : tout au contraire, j'aurois voulu qu'ils les eussent duré en effet. Je ne sais comment décrire l'état où je me trouvois, plein d'un certain effroi mêlé d'impatience, redoutant ce que je désirois, jusqu'à chercher quelquefois tout de bon dans ma tête quelque honnête moyen d'éviter d'être heureux. Qu'on se représente mon tempérament ardent et lascif, mon sang enflammé, mon cœur enivré d'amour, ma vigueur, ma santé, mon âge. Qu'on pense que dans cet état, altéré de la soif des femmes, je n'avois encore approché d'aucune; que l'imagination, le besoin, la vanité, la curiosité, se réunissoient pour me dévorer de l'ardent désir d'être homme et de le paroître. Qu'on ajoute surtout (car c'est ce qu'il ne faut pas qu'on oublie) que mon vif et tendre attachement pour elle, loin de s'attiédir, n'avoit fait qu'augmenter de jour en jour; que je n'étois bien qu'auprès d'elle; que je ne m'en éloignois que pour y penser; que j'avois le cœur plein, non seulement de ses bontés, de son caractère aimable, mais de son sexe, de sa figure, de sa personne, d'elle, en un mot, par tous les rapports sous lesquels elle pouvoit m'être chère. Et qu'on n'imagine pas que, pour dix ou douze ans que j'avois de moins qu'elle, elle fût vieillie ou me parût l'être. Depuis cinq ou six ans que j'avois éprouvé des transports si doux à sa première vue, elle étoit réellement très peu changée, et ne me le paroissoit point du tout. Elle a toujours été charmante pour moi, et l'étoit encore pour tout le monde. Sa taille seule avoit pris un peu plus de rondeur. Du reste, c'étoit le même œil, le même teint, le même sein, les mêmes traits, les mêmes beaux cheveux blonds, la même gaieté, tout, jusqu'à la même voix, cette voix argentée de la jeunesse, qui fit toujours sur moi tant d'impression qu'encore aujourd'hui je ne puis entendre sans émotion le son d'une jolie voix de fille.

Naturellement ce que j'avois à craindre dans l'attente de la possession d'une personne si chérie étoit de l'anticiper, et de ne pouvoir assez gouverner mes désirs et mon imagination pour rester maître de moi-même. On verra que, dans un âge avancé, la seule idée de quelques légères faveurs qui m'attendoient près de la personne aimée allumoit mon sang à tel point qu'il m'étoit impossible de faire impunément le court trajet qui me séparoit d'elle. Comment, par quel prodige, dans la fleur de ma jeunesse, eus-je si peu d'empressement pour la première jouissance? Comment pus-je en voir approcher l'heure avec plus de peine que de plaisir? Comment, au lieu des délices qui devoient m'enivrer, sentois-je presque de la répugnance et des craintes? Il n'y a point à douter que, si j'avois pu me dérober à mon bonheur avec bienséance, je ne l'eusse fait de tout mon cœur. J'ai promis des bizarreries dans l'histoire de mon attachement pour elle; en voilà sûrement une à laquelle on ne s'attendoit pas.

Le lecteur, déjà révolté, juge qu'étant possédée par un autre homme, elle se dégradoit à mes yeux en se partageant, et qu'un sentiment de mésestime attiédissoit ceux qu'elle m'avoit inspirés : il se trompe. Ce partage, il est vrai, me faisoit une cruelle peine, tant par une délicatesse fort naturelle que parce qu'en effet je le trouvois peu digne d'elle et de moi; mais, quant à mes sentimens pour elle, il ne les altéroit point, et je peux jurer que jamais je ne l'aimai plus tendrement que quand je désirois si peu de la posséder. Je connoissois trop son cœur chaste et son tempérament de glace pour croire un moment que le plaisir des sens eût aucune part à cet abandon d'elle-même : j'étois parfaitement sûr que le seul soin de m'arracher à des dangers autrement presque inévitables, et de me conserver tout entier à moi et à mes devoirs, lui en faisoit enfreindre un qu'elle ne regardoit pas du même œil que les autres femmes, comme il sera dit ci-après. Je la plaignois et je me plaignois. J'aurois voulu lui dire : « Non, maman, il n'est pas nécessaire; je vous réponds de moi sans cela. » Mais je n'osois, premièrement parce que ce n'étoit pas une chose à dire, et puis parce qu'au fond je sentois que cela n'étoit pas vrai, et qu'en effet il n'y avoit qu'une femme qui pût me garantir des autres femmes et me mettre à l'épreuve des tentations. Sans désirer de la posséder, j'étois bien aise qu'elle m'ôtât le désir d'en posséder d'autres, tant je regardois tout ce qui pouvoit me distraire d'elle comme un malheur.

La longue habitude de vivre ensemble et d'y vivre innocemment, loin d'affoiblir mes sentimens pour elle, les avoit renforcés, mais leur avoit en même temps donné une autre tournure qui les rendoit plus affectueux, plus tendres peut-être, mais moins sensuels. A force de l'appeler maman, à force d'user avec elle de la familiarité d'un fils, je m'étois accoutumé à me regarder comme tel. Je crois que voilà la véritable cause du peu d'empressement que j'eus de la posséder, quoiqu'elle me fût si chère. Je me souviens très bien que mes premiers sentimens, sans être plus vifs, étoient plus voluptueux. A Annecy, j'étois dans l'ivresse; à Chambéri, je n'y étois plus. Je l'aimois toujours aussi passionnément qu'il fût possible; mais je l'aimois plus pour elle et moins pour moi, ou du moins je cherchois plus mon bonheur que mon plaisir auprès d'elle : elle étoit pour moi plus qu'une sœur, plus qu'une mère, plus qu'une amie, plus même qu'une maîtresse; et c'étoit pour cela qu'elle n'étoit pas une maîtresse. Enfin, je l'aimois trop pour la convoiter : voilà ce qu'il y a de plus clair dans mes idées.

Ce jour, plutôt redouté qu'attendu, vint enfin. Je

promis tout, et je ne mentis pas. Mon cœur confirmoit mes engagemens sans en désirer le prix. Je l'obtins pourtant. Je me vis pour la première fois dans les bras d'une femme, et d'une femme que j'adorois. Fus-je heureux? Non : je goûtai le plaisir. Je ne sais quelle invincible tristesse en empoisonnoit le charme : j'étois comme si j'avois commis un inceste. Deux ou trois fois, en la pressant avec transport dans mes bras, j'inondai son sein de mes larmes. Pour elle, elle n'étoit ni triste ni vive; elle étoit caressante et tranquille. Comme elle étoit peu sensuelle et n'avoit point recherché la volupté, elle n'en eut pas les délices et n'en a jamais eu les remords.

Je le répète, toutes ses fautes lui vinrent de ses erreurs, jamais de ses passions. Elle étoit bien née, son cœur étoit pur, elle aimoit les choses honnêtes, ses penchans étoient droits et vertueux, son goût étoit délicat ; elle étoit faite pour une élégance de mœurs qu'elle a toujours aimée et qu'elle n'a jamais suivie, parce qu'au lieu d'écouter son cœur, qui la menoit bien, elle écouta sa raison, qui la menoit mal. Quand des principes faux l'ont égarée, ses vrais sentimens les ont toujours démentis; mais malheureusement elle se piquoit de philosophie, et la morale qu'elle s'étoit faite gâta celle que son cœur lui dictoit.

M. de Tavel, son premier amant, fut son maître de philosophie, et les principes qu'il lui donna furent ceux dont il avoit besoin pour la séduire. La trouvant attachée à son mari, à ses devoirs, toujours froide, raisonnante, et inattaquable par les sens, il l'attaqua par des sophismes, et parvint à lui montrer ses devoirs, auxquels elle étoit si attachée, comme un bavardage de catéchisme fait uniquement pour amuser les enfans ; l'union des sexes, comme l'acte le plus indifférent en soi ; la fidélité conjugale, comme une apparence obligatoire dont toute la moralité regardoit l'opinion ; le repos des maris, comme la seule règle du devoir des femmes ; en sorte que des infidélités ignorées, nulles pour celui qu'elles offensoient, l'étoient aussi pour la conscience; enfin il lui persuada que la chose en elle-même n'étoit rien, qu'elle ne prenoit d'existence que par le scandale, et que toute femme qui paroissoit sage par cela seul l'étoit en effet. C'est ainsi que le malheureux parvint à son but en corrompant la raison d'un enfant dont il n'avoit pu corrompre le cœur. Il en fut puni par la plus dévorante jalousie, persuadé qu'elle le traitoit lui-même comme il lui avoit appris à traiter son mari. Je ne sais s'il se trompoit sur ce point. Le ministre Perret passa pour son successeur. Ce que je sais, c'est que le tempérament froid de cette jeune femme, qui l'auroit dû garantir de ce système, fut ce qui l'empêcha dans la suite d'y renoncer. Elle ne pouvoit concevoir qu'on donnât tant d'importance à ce qui n'en avoit point pour elle. Elle n'honora jamais du nom de vertu une abstinence qui lui coûtoit si peu.

Elle n'eût donc guère abusé de ce faux principe pour elle-même ; mais elle en abusa pour autrui, et cela par une autre maxime presque aussi fausse, mais plus d'accord avec la bonté de son cœur. Elle a toujours cru que rien n'attachoit tant un homme à une femme que la possession ; et, quoiqu'elle n'aimât ses amis que d'amitié, c'étoit d'une amitié si tendre qu'elle employoit tous les moyens qui dépendoient d'elle pour se les attacher plus fortement. Ce qu'il y a d'extraordinaire est qu'elle a presque toujours réussi. Elle étoit si réellement aimable que plus l'intimité dans laquelle on vivoit avec elle étoit grande, plus on y trouvoit de nouveaux sujets de l'aimer. Une autre chose digne de remarque est qu'après sa première foiblesse elle n'a guère favorisé que des malheureux ; les gens brillans ont tous perdu leur peine auprès d'elle ; mais il falloit qu'un homme qu'elle commençoit par plaindre fût bien peu aimable si elle ne finissoit par l'aimer. Quand elle se fit des choix peu dignes d'elle, bien loin que ce fût par des inclinations basses, qui n'approchèrent jamais de son noble cœur, ce fut uniquement par son caractère trop généreux, trop humain, trop compatissant, trop sensible, qu'elle ne gouverna pas toujours avec assez de discernement.

Si quelques principes faux l'ont égarée, combien n'en avoit-elle pas d'admirables dont elle ne se départoit jamais ! Par combien de vertus ne rachetoit-elle pas ses foiblesses, si l'on peut appeler de ce nom des erreurs où les sens avoient si peu de part ! Ce même homme qui la trompa sur un point l'instruisit excellemment sur mille autres ; et, ses passions, qui n'étoient pas fougueuses, lui permettant de suivre toujours ses lumières, elle alloit bien quand ses sophismes ne l'égaroient pas. Ses motifs étoient louables jusque dans ses fautes : en s'abusant elle pouvoit mal faire, mais elle ne pouvoit vouloir rien qui fût mal. Elle abhorroit la duplicité, le mensonge ; elle étoit juste, équitable, humaine, désintéressée, fidèle à sa parole, à ses amis, à ses devoirs qu'elle reconnoissoit pour tels, incapable de vengeance et de haine, et ne concevant pas même qu'il y eût le moindre mérite à pardonner. Enfin, pour revenir à ce qu'elle avoit de moins excusable, sans estimer ses faveurs ce qu'elles valoient, elle n'en fit jamais un vil commerce ; elle les prodiguoit, mais elle ne les vendoit pas, quoiqu'elle fût sans cesse aux expédiens pour vivre ; et j'ose dire que, si Socrate put estimer Aspasie, il eût respecté Mme de Warens.

Je sais d'avance qu'en lui donnant un caractère sensible et un tempérament froid, je serai accusé de contradiction comme à l'ordinaire, et avec autant de raison. Il se peut que la nature ait eu tort, et que cette combinaison n'ait pas dû être ; je sais seulement qu'elle a été. Tous ceux qui ont connu Mme de Warens, et dont un si grand nombre existe encore, ont pu savoir qu'elle étoit ainsi. J'ose même ajouter qu'elle n'a connu qu'un seul vrai plaisir au monde, c'étoit d'en faire à ceux qu'elle aimoit. Toutefois permis à chacun d'argumenter là-dessus tout à son aise et de prouver doctement que cela n'est pas vrai. Ma fonction est de dire la vérité, mais non pas de la faire croire.

J'appris peu à peu tout ce que je viens de dire dans les entretiens qui suivirent notre union, et qui seuls la rendirent délicieuse. Elle avoit eu raison d'espérer que sa complaisance me seroit utile; j'en tirai pour mon instruction de grands avantages. Elle m'avoit jusqu'alors parlé de moi seul, comme à un enfant. Elle commença de me traiter en homme, et me parla d'elle. Tout ce qu'elle me disoit m'étoit si intéressant, je m'en sentois si touché, que, me repliant sur moi-même, j'appliquois à mon profit ses confidences plus que je n'avois fait ses leçons. Quand on sent vraiment que le cœur parle, le nôtre s'ouvre pour recevoir ses épanchemens; et jamais toute la morale d'un pédagogue ne vaudra le bavardage affectueux et tendre d'une femme sensée pour qui l'on a de l'attachement.

L'intimité dans laquelle je vivois avec elle l'ayant mise à portée de m'apprécier plus avantageusement qu'elle n'avoit fait, elle jugea que, malgré mon air gauche, je valois la peine d'être cultivé pour le monde, et que, si je m'y montrois un jour sur un certain pied, je serois en état d'y faire mon chemin. Sur cette idée, elle s'attachoit non seulement à former mon jugement, mais mon extérieur, mes manières, à me rendre aimable autant qu'estimable; et, s'il est vrai qu'on puisse allier les succès dans le monde avec la vertu (ce que pour moi je ne crois pas), je suis sûr au moins qu'il n'y a pour cela d'autre route que celle qu'elle avoit prise, et qu'elle vouloit m'enseigner. Car Mme de Warens connoissoit les hommes, et savoit supérieurement l'art de traiter avec eux sans mensonge et sans imprudence, sans les tromper et sans les fâcher. Mais cet art étoit dans son caractère bien plus que dans ses leçons ; elle savoit mieux le mettre en pratique que l'enseigner, et j'étois l'homme du monde le moins propre à l'apprendre. Aussi tout ce qu'elle fit à cet égard fut-il, peu s'en faut, peine perdue, de même que le soin qu'elle prit de me donner des maîtres pour la danse et pour les armes. Quoique leste et bien pris dans ma taille, je ne pus apprendre à danser un menuet. J'avois tellement pris, à cause de mes cors, l'habitude de marcher du talon, que Roche ne put me la faire perdre; et jamais, avec l'air assez ingambe, je n'ai pu sauter un médiocre fossé. Ce fut encore pis à la salle d'armes. Après trois mois de leçons je tirois encore à la muraille, hors d'état de faire assaut, et jamais je n'eus le poignet assez souple ou le bras assez ferme pour retenir mon fleuret quand il plaisoit au maître de le faire sauter. Ajoutez que j'avois un dégoût mortel pour cet exercice et pour le maître qui tâchoit de me l'enseigner. Je n'aurois jamais cru qu'on pût être si fier de l'art de tuer un homme. Pour mettre son vaste génie à ma portée, il ne s'exprimoit que par des comparaisons tirées de la musique, qu'il ne savoit point. Il trouvoit des analogies frappantes entre les bottes de tierce et de quarte et les intervalles musicaux du même nom. Quand il vouloit faire une feinte, il me disoit de prendre garde à ce dièse, parce qu'anciennement les dièses s'appeloient des *feintes*; quand il m'avoit fait sauter de la main mon fleuret, il disoit en ricanant que c'étoit une *pause*. Enfin, je ne vis de ma vie un pédant plus insupportable que ce pauvre homme avec son plumet et son plastron.

Je fis donc peu de progrès dans mes exercices, que je quittai bientôt par pur dégoût; mais j'en fis davantage dans un art plus utile, celui d'être content de mon sort, et de n'en pas désirer un plus brillant, pour lequel je commençois à sentir que je n'étois pas né. Livré tout entier au désir de rendre à maman la vie heureuse, je me plaisois toujours plus auprès d'elle; et, quand il falloit m'en éloigner pour courir en ville, malgré ma passion pour la musique, je commençois à sentir la gêne de mes leçons.

J'ignore si Claude Anet s'aperçut de l'intimité de notre commerce. J'ai lieu de croire qu'il ne lui fut pas caché. C'étoit un garçon très clairvoyant, mais très discret, qui ne parloit jamais contre sa pensée, mais qui ne la disoit pas toujours. Sans me faire le moindre semblant qu'il fût instruit, par sa conduite il paroissoit l'être; et cette conduite ne venoit sûrement pas de bassesse d'âme, mais de ce qu'étant entré dans les principes de sa maîtresse, il ne pouvoit désapprouver qu'elle agît conséquemment. Quoique aussi jeune qu'elle, il étoit si mûr et si grave qu'il nous regardoit presque comme deux enfans dignes d'indulgence, et nous le regardions l'un et l'autre comme un homme respectable, dont nous avions l'estime à ménager. Ce ne fut qu'après qu'elle lui fut infidèle que je connus bien tout l'attachement qu'elle avoit pour lui. Comme elle savoit que je ne pensois, ne sentois, ne respirois que par elle, elle me montroit combien elle l'aimoit, afin que je l'aimasse de même; et elle appuyoit encore moins sur son amitié pour lui que sur son estime, parce que c'étoit le sentiment que je pouvois partager le plus pleinement. Combien de fois elle attendrit nos cœurs et nous fit embrasser avec larmes, en nous disant que nous étions nécessaires tous deux au bonheur de sa vie! Et que les femmes qui liront ceci ne sourient pas malignement. Avec le tempérament qu'elle avoit, ce besoin n'étoit pas équivoque; c'étoit uniquement celui de son cœur.

Ainsi s'établit entre nous trois une société sans autre exemple peut-être sur la terre. Tous nos vœux, nos soins, nos cœurs, étoient en commun; rien n'en passoit au delà de ce petit cercle. L'habitude de vivre ensemble et d'y vivre exclusivement devint si grande que, si dans nos repas un des trois manquoit ou qu'il vînt un quatrième, tout étoit dérangé, et, malgré nos liaisons particulières, les tête-à-tête nous étoient moins doux que la réunion. Ce qui prévenoit entre nous la gêne étoit une extrême confiance réciproque, et ce qui prévenoit l'ennui étoit que nous étions tous fort occupés. Maman, toujours projetante et toujours agissante, ne nous laissoit guère oisifs ni l'un ni l'autre, et nous avions encore chacun pour notre compte de quoi bien remplir notre temps. Selon moi, le désœuvrement n'est pas moins le fléau de la société que celui de la solitude. Rien ne rétrécit plus l'esprit, rien n'engendre plus de riens, de rapports, de paquets, de tracasseries, de mensonges, que d'être éternellement renfermés vis-à-vis les uns des autres dans une chambre, réduits pour tout ouvrage à la nécessité de babiller continuellement. Quand tout le monde est occupé, l'on ne parle que quand on a quelque chose à dire; mais quand on ne fait rien il faut absolument parler toujours; et voilà de toutes les gênes la plus incommode et la plus dangereuse. J'ose même aller plus loin, et je soutiens que, pour rendre un cercle vraiment agréable, il faut non seulement que chacun y fasse quelque chose, mais quelque chose qui demande un peu d'attention. Faire des nœuds, c'est ne rien faire, et il faut tout autant de soin pour amuser une femme qui fait des nœuds que celle qui tient les bras croisés. Mais, quand elle brode, c'est autre chose : elle s'occupe assez pour remplir les intervalles du silence. Ce qu'il y a de choquant, de ridicule, est de voir pendant ce temps une douzaine de flandrins se lever, s'asseoir, aller, venir, pirouetter sur leurs talons, retourner deux cents fois les magots de la cheminée, et fatiguer leur minerve à maintenir un intarissable flux de paroles : la belle occupation ! Ces gens-là, quoi qu'ils fassent, seront toujours à charge aux autres et à eux-mêmes. Quand j'étois à Motiers, j'allois faire des lacets chez mes voisines ; si je retournois dans le monde, j'aurois toujours dans ma poche un bilboquet, et j'en jouerois toute la journée pour me dispenser de parler quand je n'aurois rien à dire. Si chacun en faisoit autant, les hommes deviendroient moins méchans, leur commerce deviendroit plus sûr, et, je pense, plus agréable. Enfin, que les plaisans rient s'ils veulent, mais je soutiens que la seule morale à la portée du présent siècle est la morale du bilboquet.

Au reste, on ne nous laissoit guère le soin d'éviter l'ennui par nous-mêmes, et les importuns nous en donnoient trop par leur affluence pour nous en laisser quand nous restions seuls. L'impatience qu'ils m'avoient donnée autrefois n'étoit pas diminuée, et toute la différence étoit que j'avois moins de temps pour m'y livrer. La pauvre maman n'avoit point perdu son ancienne fantaisie d'entreprises et de systèmes : au contraire, plus ses besoins domestiques devenoient pressans, plus pour y pourvoir elle se livroit à ses visions ; moins elle avoit de ressources présentes, plus elle s'en forgeoit dans l'avenir. Le progrès des ans ne faisoit qu'augmenter en elle cette manie ; et, à mesure qu'elle perdoit le goût des plaisirs du monde et de la jeunesse, elle le remplaçoit par celui des secrets et des projets. La maison ne désemplissoit pas de charlatans, de fabricans, de souffleurs, d'entrepreneurs de toute espèce, qui, distribuant par millions la fortune, finissoient par avoir besoin d'un écu. Aucun ne sortoit de chez elle à vide, et l'un de mes étonnemens est qu'elle ait pu suffire aussi longtemps à tant de profusions sans en épuiser la source et sans lasser ses créanciers.

Le projet dont elle étoit le plus occupée au temps dont je parle, et qui n'étoit pas le plus déraisonnable qu'elle eût formé, étoit de faire établir à Chambéri un jardin royal de plantes, avec un démonstrateur appointé ; et l'on comprend d'avance à qui cette place étoit destinée. La position de cette ville au milieu des Alpes étoit très favorable à la botanique ; et maman, qui facilitoit toujours un projet par un autre, y joignoit celui d'un collège de pharmacie, qui véritablement paroissoit très utile dans un pays aussi pauvre, où les apothicaires sont presque les seuls médecins. La retraite du proto-médecin Grossi à Chambéri, après la mort du roi Victor, lui parut favoriser beaucoup cette idée, et la lui suggéra peut-être. Quoi qu'il en soit, elle se mit à cajoler Grossi, qui pourtant n'étoit pas trop cajolable, car c'étoit bien le plus caustique et le plus brutal monsieur que j'aie jamais connu. On en jugera par deux ou trois traits que je vais citer pour échantillon.

Un jour il étoit en consultation avec d'autres médecins, un entre autres qu'on avoit fait venir d'Annecy, et qui étoit le médecin ordinaire du malade. Ce jeune homme, encore malappris pour un médecin, osa n'être pas de l'avis de monsieur le proto. Celui-ci, pour toute réponse, lui demanda quand il s'en retournoit, par où il passoit, et quelle voiture il prenoit. L'autre, après l'avoir satisfait, lui demande à son tour s'il y a quelque chose pour son service : « Rien, rien, dit Grossi, sinon que je veux m'aller mettre à une fenêtre sur votre passage, pour avoir le plaisir de voir passer un âne à cheval. » Il étoit aussi avare que riche et dur. Un de ses amis lui voulut un jour emprunter de l'argent avec de bonnes sûretés : « Mon ami, lui dit-il en lui serrant le bras et grinçant les dents, quand saint Pierre descendroit du ciel pour m'emprunter dix pistoles, et qu'il me donneroit la Trinité pour caution, je ne les lui prêterois pas. » Un jour, invité à dîner chez M. le comte Picon, gouverneur de Savoie, et très dévot, il arrive avant l'heure, et Son Excellence, alors occupée à dire le rosaire, lui en propose l'amusement. Ne sachant trop que répondre, il fait une grimace affreuse et se met à genoux ; mais à peine avoit-il récité deux *Ave* que, n'y pouvant plus tenir, il se lève brusquement, prend sa canne et s'en va sans mot dire. Le comte Picon court après lui et lui crie : « Monsieur Grossi ! Monsieur Grossi ! restez donc ; vous avez là-bas à la broche une excellente bartavelle. — Monsieur le comte, lui répond l'autre en se retournant, vous me donneriez un ange rôti que je ne resterois pas. » Voilà quel étoit M. le proto-médecin Grossi, que maman entreprit et vint à bout d'apprivoiser. Quoique extrêmement occupé, il s'accoutuma à venir très souvent chez elle, prit Anet en amitié, marqua faire cas de ses connoissances, en parloit avec estime, et, ce qu'on n'auroit pas attendu d'un pareil ours, affectoit de le traiter avec considération, pour effacer les impressions du passé : car, quoique Anet ne fût plus sur le pied d'un domestique, on savoit qu'il l'avoit été, et il ne falloit pas moins que l'exemple et l'autorité de monsieur le proto-médecin pour donner à son égard le ton qu'on n'auroit pas pris de tout autre. Claude Anet, avec un habit noir, une perruque bien peignée, un maintien grave et décent, une conduite sage et circonspecte, des connoissances assez étendues en matière médicale et en botanique, et la faveur du chef de la Faculté, pouvoit raisonnablement espérer de remplir avec applaudissement la place de démonstrateur royal des plantes, si l'établissement projeté avoit lieu ; et réellement Grossi en avoit goûté le plan, l'avoit adopté, et n'attendoit pour le proposer à la cour que le moment où la paix permettroit de songer aux choses utiles, et laisseroit disposer de quelque argent pour y pourvoir.

Mais ce projet, dont l'exécution m'eût probablement jeté dans la botanique, pour laquelle il me semble que j'étois né, manqua par un de ces coups inattendus qui renversent les desseins les mieux concertés. J'étois destiné à devenir par degrés un exemple des misères humaines. On diroit que la Providence, qui m'appeloit à ces grandes épreuves, écartoit de sa main tout ce qui m'eût empêché d'y arriver. Dans une course qu'Anet avoit faite au haut des montagnes pour aller chercher du génipi, plante rare qui ne croît que sur les Alpes, et dont M. Grossi avoit besoin, ce pauvre garçon s'échauffa tellement qu'il gagna une pleurésie dont le génipi ne put le sauver, quoiqu'il y soit, dit-on, spécifique ; et, malgré tout l'art de Grossi, qui certainement étoit un très habile homme, malgré les soins infinis que nous prîmes de lui, sa bonne maîtresse et moi, il mourut le cinquième jour entre nos mains, après la plus cruelle agonie, durant laquelle il n'eut d'autres exhortations que les miennes ; et je les lui prodiguai avec des élans de douleur et de zèle qui, s'il étoit en état de m'entendre, devoient être de quelque consolation pour lui. Voilà comment je perdis le plus solide ami que j'eus en toute ma vie ; homme estimable et rare en qui la nature tint lieu d'éducation, qui nourrit dans la servitude toutes les vertus des grands hommes, et à qui peut-être il ne manqua, pour se montrer tel à tout le monde, que de vivre et d'être placé.

Le lendemain j'en parlois avec maman dans l'affliction la plus vive et la plus sincère, et tout d'un coup, au milieu de l'entretien, j'eus la vile et indigne pensée que j'héritois de ses nippes, et surtout d'un bel habit noir qui m'avoit donné dans la vue. Je le pensai, par conséquent je le dis : car près d'elle c'étoit pour moi la même chose. Rien ne lui fit mieux sentir la perte qu'elle avoit faite que ce lâche et odieux mot, le désintéressement et la noblesse d'âme étant des qualités que le défunt avoit éminemment possédées. La pauvre femme, sans rien répondre, se tourna de l'autre côté et se mit à pleurer. Chères et précieuses larmes ! elles furent entendues et coulèrent toutes dans mon cœur ; elles y lavèrent jusqu'aux dernières traces d'un sentiment bas et malhonnête. Il n'y en est jamais entré depuis ce temps-là.

Cette perte causa à maman autant de préjudice que de douleur. Depuis ce moment, ses affaires ne cessèrent d'aller en décadence. Anet étoit un garçon exact et rangé, qui maintenoit l'ordre dans la maison de sa maîtresse. On craignoit sa vigilance, et le gaspillage étoit moindre. Elle-même craignoit sa censure, et se contenoit davantage dans ses dissipations. Ce n'étoit pas assez pour elle de son attachement, elle vouloit conserver son estime, et elle redoutoit le juste reproche qu'il osoit quelquefois lui faire, qu'elle prodiguoit le bien d'autrui autant que le sien. Je pensois comme lui, je le disois même ; mais je n'avois pas le même ascendant sur elle, et mes discours n'en imposoient pas comme les siens. Quand il ne fut plus, je fus bien forcé de prendre sa place, pour laquelle j'avois aussi peu d'aptitude que de goût ; je la remplis mal. J'étois peu soigneux, j'étois fort timide ; tout en grondant à part moi, je laissois tout aller comme il alloit. D'ailleurs j'avois bien obtenu la même confiance, mais non pas la même autorité. Je voyois le désordre, j'en gémissois, je m'en plaignois, et je n'étois pas écouté. J'étois trop jeune et trop vif pour avoir le droit d'être raisonnable ; et, quand je voulois me mêler de faire le censeur, maman me donnoit de petits soufflets de caresses, m'appeloit son petit Mentor, et me forçoit à reprendre le rôle qui me convenoit.

Le sentiment profond de la détresse où ses dépenses peu mesurées devoient nécessairement la jeter tôt ou tard me fit une impression d'autant plus forte qu'étant devenu l'inspecteur de sa maison, je jugeois par moi-même de l'inégalité de la balance entre le *doit* et l'*avoir*. Je date de cette époque le penchant à l'avarice que je me suis toujours senti depuis ce temps-là. Je n'ai jamais été follement prodigue que par bourrasques ; mais jusqu'alors je ne m'étois jamais beaucoup inquiété si j'avois peu ou beaucoup d'argent. Je commençai à faire cette attention et à prendre du souci de ma bourse. Je devenois vilain par un motif très noble, car, en vérité, je ne songeois qu'à ménager à maman quelque ressource dans la catastrophe que je prévoyois. Je craignois que ses créanciers ne fissent saisir sa pension, qu'elle ne fût tout à fait supprimée, et je m'imaginois, selon mes vues étroites, que mon petit magot lui seroit alors d'un grand secours. Mais, pour le faire, et surtout pour le conserver, il falloit me cacher d'elle : car il n'eût pas convenu, tandis qu'elle étoit aux expédiens, qu'elle eût su que j'avois de l'argent mignon. J'allois donc cherchant par-ci par-là de petites caches où je fourrois quelques louis en dépôt, comptant augmenter ce dépôt sans cesse jusqu'au moment de le mettre à ses pieds. Mais j'étois si maladroit dans le choix de mes cachettes qu'elle les éventoit toujours; puis, pour m'apprendre qu'elle les avoit trouvées, elle ôtoit l'or que j'y avois mis, et en mettoit davantage en autres espèces. Je venois tout honteux rapporter à la bourse commune mon petit trésor, et jamais elle ne manquoit de l'employer en nippes ou meubles à mon profit, comme épée d'argent, montre ou autre chose pareille.

Bien convaincu qu'accumuler ne me réussiroit jamais et seroit pour elle une mince ressource, je sentis enfin que je n'en avois point d'autre contre le malheur que je craignois, que de me mettre en état de pourvoir par moi-même à sa subsistance, quand, cessant de pourvoir à la mienne, elle verroit le pain prêt à lui manquer. Malheureusement, jetant mes projets du côté de mes goûts, je m'obstinois à chercher follement ma fortune dans la musique ; et, sentant naître des idées et des chants dans ma tête, je crus qu'aussitôt que je serois en état d'en tirer parti, j'allois devenir un homme célèbre, un Orphée moderne, dont les sons devoient attirer tout l'argent du Pérou. Ce dont il s'agissoit pour moi, commençant à lire passablement la musique, étoit d'apprendre la composition. La difficulté étoit de trouver quelqu'un pour me l'enseigner, car, avec mon Rameau seul, je n'espérois pas y parvenir par moi-même ; et, depuis le départ de M. Le Maître, il n'y avoit personne en Savoie qui entendît rien à l'harmonie.

Ici l'on va voir encore une de ces inconséquences dont ma vie est remplie, et qui m'ont fait si souvent aller contre mon but, lors même que j'y pensois tendre directement. Venture m'avoit beaucoup parlé de l'abbé Blanchard, son maître de composition, homme de mérite et d'un grand talent, qui pour lors étoit maître de musique de la cathédrale de Besançon, et qui l'est maintenant de la chapelle de Versailles. Je me mis en tête d'aller à Besançon, prendre leçon de l'abbé Blanchard ; et cette idée me parut si raisonnable que je parvins à la faire trouver telle à maman. La voilà travaillant à mon petit équipage, et cela avec la profusion qu'elle mettoit à toute chose. Ainsi, toujours avec le projet de prévenir une banqueroute et de réparer dans l'avenir l'ouvrage de sa dissipation, je commençai dans le moment même par lui causer une dépense de huit cents francs : j'accélérois sa ruine pour me mettre en état d'y remédier. Quelque folle que fût cette conduite, l'illusion étoit entière de ma part, et même de la sienne. Nous étions persuadés l'un et l'autre, moi que je travaillois utilement pour elle, elle que je travaillois utilement pour moi.

J'avois compté trouver Venture encore à Annecy, et lui demander une lettre pour l'abbé Blanchard. Il n'y étoit plus. Il fallut, pour tout renseignement, me contenter d'une messe à quatre parties, de sa composition et de sa main, qu'il m'avoit laissée. Avec cette recommandation je vais à Besançon, passant par Genève, où je fus voir mes parens, et par Nyon, où je fus voir mon père, qui me reçut comme à son ordinaire et se chargea de me faire parvenir ma malle, qui ne venoit qu'après moi, parce que j'étois à cheval. J'arrive à Besançon. L'abbé Blanchard me reçoit bien, me promet ses instructions et m'offre ses services. Nous étions prêts à commencer, quand j'apprends par une lettre de mon père que ma malle a été saisie et confisquée aux Rousses, bureau de France sur les frontières de la Suisse. Effrayé de cette nouvelle, j'emploie les connoissances que je m'étois faites à Besançon pour savoir le motif de cette confiscation : car, bien sûr de n'avoir point de contrebande, je ne pouvois concevoir sur quel prétexte on l'avoit pu fonder. Je l'apprends enfin ; il faut le dire, car c'est un fait curieux.

Je voyois à Chambéri un vieux Lyonnois, fort bon homme, appelé M. Duvivier, qui avoit travaillé au *visa* sous la régence, et qui, faute d'emploi, étoit venu travailler au cadastre. Il avoit vécu dans le monde ; il avoit des talens, quelque savoir, de la douceur, de la politesse ; il savoit la musique ; et, comme j'étois de chambrée avec lui, nous nous étions liés de préférence au milieu des ours mal léchés qui nous entouroient. Il avoit à Paris des correspondances qui lui fournissoient ces petits riens, ces nouveautés éphémères, qui courent on ne sait pourquoi, qui meurent on ne sait comment, sans que jamais personne y repense quand on a cessé d'en parler. Comme je le menois quelquefois dîner chez maman, il me faisoit sa cour en quelque sorte, et, pour se rendre agréable, il tâchoit de me faire aimer ses fadaises, pour lesquelles j'eus toujours un tel dégoût qu'il ne m'est arrivé de la vie d'en lire une à moi seul. Malheureusement, un de ces maudits papiers resta dans la poche de veste d'un habit neuf que j'avois porté deux ou trois fois, pour être en règle avec les commis. Ce papier étoit une parodie janséniste assez plate de la belle scène du *Mithridate* de Racine. Je n'en avois pas lu dix vers, et l'avois laissée par oubli dans ma poche. Voilà ce qui fit confisquer mon équipage. Les commis firent à la tête de l'inventaire de cette malle un magnifique procès-verbal, où, supposant que cet écrit venoit de Genève pour être imprimé et distribué en France, ils s'étendoient en saintes invectives contre les ennemis de Dieu et de l'Église, et en éloges de leur pieuse vigilance, qui avoit arrêté l'exécution de ce projet infernal. Ils trouvèrent sans doute que mes chemises sentoient aussi l'hérésie : car, en vertu de ce terrible papier, tout fut confisqué sans que jamais j'aie eu ni raison ni nouvelle de ma pauvre pacotille. Les gens des fermes à qui l'on s'adressa demandoient tant d'instructions, de renseignemens, de certificats, de mémoires, que, me perdant mille fois dans ce labyrinthe, je fus contraint de tout abandonner. J'ai un vrai regret de n'avoir pas conservé le procès-verbal du bureau des Rousses : c'étoit une pièce à figurer avec distinction parmi celles dont le recueil doit accompagner cet écrit.

Cette perte me fit revenir à Chambéri tout de suite, sans avoir rien fait avec l'abbé Blanchard ; et, tout bien pesé, voyant le malheur me suivre dans toutes mes entreprises, je résolus de m'attacher uniquement à maman, de courir sa fortune, et de ne plus m'inquiéter inutilement d'un avenir auquel je ne pouvois rien. Elle me reçut comme si j'avois rapporté des trésors, remonta peu à peu ma petite garde-robe ; et mon malheur, assez grand pour l'un et pour l'autre, fut presque aussitôt oublié qu'arrivé.

Quoique ce malheur m'eût refroidi sur mes projets de musique, je ne laissois pas d'étudier toujours mon Rameau, et, à force d'efforts, je parvins enfin à l'entendre et à faire quelques petits essais de composition, dont le succès m'encouragea. Le comte de Bellegarde, fils du marquis d'Antremont, étoit revenu de Dresde après la mort du roi Auguste. Il avoit vécu longtemps à Paris ; il aimoit extrêmement la musique, et avoit pris en passion celle de Rameau. Son frère le comte de Nangis jouoit du violon, Mme la comtesse de La Tour, leur sœur, chantoit un peu. Tout cela mit à Chambéri la musique à la mode, et l'on établit une manière de concert public dont on voulut d'abord me donner la direction ; mais on s'aperçut bientôt qu'elle passoit mes forces, et l'on s'arrangea autrement. Je ne laissois pas d'y donner quelques petits morceaux de ma façon, et entre autres une cantate qui plut beaucoup. Ce n'étoit pas une pièce bien faite, mais elle étoit pleine de chants nouveaux et de choses d'effet que l'on n'attendoit pas de moi. Ces messieurs ne purent croire que, lisant si mal la musique, je fusse en état d'en composer de passable, et ils ne doutèrent pas que je ne me fusse fait honneur du travail d'autrui. Pour vérifier la chose, un matin M. de Nangis vint me trouver avec une cantate de Clérambault, qu'il avoit transposée, disoit-il, pour la commodité de la voix, et à laquelle il falloit faire une autre basse, la transposition rendant celle de Clérambault impraticable sur l'instrument. Je répondis que c'étoit un travail considérable, et qui ne pouvoit être fait sur-le-champ.

Il crut que je cherchois une défaite, et me pressa de lui faire au moins la basse d'un récitatif. Je la fis donc, mal sans doute, parce qu'en toute chose il me faut, pour bien faire, mes aises et ma liberté; mais je la fis du moins dans les règles; et, comme il étoit présent, il ne put douter que je ne susse les élémens de la composition. Ainsi je ne perdis pas mes écolières, mais je me refroidis un peu sur la musique, voyant que l'on faisoit un concert et que l'on s'y passoit de moi.

Ce fut à peu près dans ce temps-là que, la paix étant faite, l'armée françoise repassa les monts. Plusieurs officiers vinrent voir maman, entre autres M. le comte de Lautrec, colonel du régiment d'Orléans, depuis plénipotentiaire à Genève, et enfin maréchal de France, auquel elle me présenta. Sur ce qu'elle lui dit, il parut s'intéresser beaucoup à moi, et me promit beaucoup de choses, dont il ne s'est souvenu que la dernière année de sa vie, lorsque je n'avois plus besoin de lui. Le jeune marquis de Sennecterre, dont le père étoit alors ambassadeur à Turin, passa dans le même temps à Chambéri. Il dîna chez Mme de Menthon; j'y dînois aussi ce jour-là. Après le dîner il fut question de musique : il la savoit très bien. L'opéra de *Jephté* étoit alors dans sa nouveauté; il en parla, on le fit apporter. Il me fit frémir en me proposant d'exécuter à nous deux cet opéra, et, tout en ouvrant le livre, il tomba sur ce morceau célèbre à deux chœurs :

> La terre, l'enfer, le ciel même,
> Tout tremble devant le Seigneur.

Il me dit : « Combien voulez-vous faire de parties ? Je ferai pour ma part ces six-là. » Je n'étois pas encore accoutumé à cette pétulance françoise, et, quoique j'eusse quelquefois ânonné des partitions, je ne comprenois pas comment le même homme pouvoit faire en même temps six parties, ni même deux. Rien ne m'a plus coûté dans l'exercice de la musique que de sauter ainsi légèrement d'une partie à l'autre, et d'avoir l'œil à la fois sur toute une partition. A la manière dont je me tirai de cette entreprise, M. de Sennecterre dut être tenté de croire que je ne savois pas la musique. Ce fut peut-être pour vérifier ce doute qu'il me proposa de noter une chanson qu'il vouloit donner à Mlle de Menthon. Je ne pouvois m'en défendre. Il chanta la chanson ; je l'écrivis, même sans la faire beaucoup répéter. Il la lut ensuite, et trouva, comme il était vrai, qu'elle étoit très correctement notée. Il avoit vu mon embarras, il prit plaisir à faire valoir ce petit succès. C'étoit pourtant une chose très simple. Au fond, je savois fort bien la musique ; je ne manquois que de cette vivacité du premier coup d'œil que je n'eus jamais sur rien, et qui ne s'acquiert en musique que par une pratique consommée. Quoi qu'il en soit, je fus sensible à l'honnête soin qu'il prit d'effacer dans l'esprit des autres et dans le mien la petite honte que j'avois eue ; et, douze ou quinze ans après, me rencontrant avec lui dans diverses maisons de Paris, je fus tenté plusieurs fois de lui rappeler cette anecdote et de lui montrer que j'en gardois le souvenir. Mais il avoit perdu les yeux depuis ce temps-là : je craignis de renouveler ses regrets en lui rappelant l'usage qu'il en avoit su faire, et je me tus.

Je touche au moment qui commence à lier mon existence passée avec la présente. Quelques amitiés de ce temps-là prolongées jusqu'à celui-ci me sont devenues bien précieuses. Elles m'ont souvent fait regretter cette heureuse obscurité où ceux qui se disoient mes amis l'étoient et m'aimoient pour moi, par pure bienveillance, non par la vanité d'avoir des liaisons avec un homme connu, ou par le désir secret de trouver ainsi plus d'occasions de lui nuire. C'est d'ici que je date ma première connoissance avec mon vieux ami Gauffecourt, qui m'est toujours resté, malgré les efforts qu'on a faits pour me l'ôter. Toujours resté ! non. Hélas ! je viens de le perdre. Mais il n'a cessé de m'aimer qu'en cessant de vivre, et notre amitié n'a fini qu'avec lui. M. de Gauffecourt étoit un des hommes les plus aimables qui aient existé. Il étoit impossible de le voir sans l'aimer, et de vivre avec lui sans s'y attacher tout à fait. Je n'ai vu de ma vie une physionomie plus ouverte, plus caressante, qui eût plus de sérénité, qui marquât plus de sentiment et d'esprit, qui inspirât plus de confiance. Quelque réservé qu'on pût être, on ne pouvoit, dès la première vue, se défendre d'être aussi familier avec lui que si on l'eût connu depuis vingt ans; et moi, qui avois tant de peine d'être à mon aise avec les nouveaux visages, j'y fus avec lui du premier moment. Son ton, son accent, son propos, accompagnoient parfaitement sa physionomie. Le son de sa voix étoit net, plein, bien timbré, une belle voix de basse, étoffée et mordante, qui remplissoit l'oreille et sonnoit au cœur. Il est impossible d'avoir une gaieté plus égale et plus douce, des grâces plus vraies et plus simples, des talens plus naturels et cultivés avec plus de goût. Joignez à cela un cœur aimant, mais aimant un peu trop tout le monde, un caractère officieux avec peu de choix, servant ses amis avec zèle, ou plutôt se faisant l'ami des gens qu'il pouvoit servir, et sachant faire très adroitement ses propres affaires en faisant très chaudement celles d'autrui. Gauffecourt étoit fils d'un simple horloger, et avoit été horloger lui-même. Mais sa figure et son mérite l'appeloient dans une autre sphère où il ne tarda pas d'entrer. Il fit connoissance avec M. de La Closure, résident de France à Genève, qui le prit en amitié. Il lui procura à Paris d'autres connoissances qui lui furent utiles, et par lesquelles il parvint à avoir la fourniture des sels du Valais, qui lui valoit vingt mille livres de rente. Sa fortune, assez belle, se borna là du côté des hommes; mais du côté des femmes la presse y étoit : il eut à choisir, et fit ce qu'il voulut. Ce qu'il y eut de plus rare et de plus honorable pour lui fut qu'ayant des liaisons dans tous les états, il fut partout chéri, recherché de tout le monde, sans jamais être envié ni haï de personne; et je crois qu'il est mort sans avoir eu de sa vie un seul ennemi. Heureux homme! Il venoit tous les ans aux bains d'Aix, où se rassemble la bonne compagnie des pays voisins. Lié avec toute la noblesse de Savoie, il venoit d'Aix à Chambéri voir le comte de Bellegarde et son père le marquis d'Antremont, chez qui maman fit et me fit faire connoissance avec lui. Cette connoissance, qui sembloit devoir n'aboutir à rien et fut nombre d'années interrompue, se renouvela dans l'occasion que je dirai, et devint un véritable attachement. C'est assez pour m'autoriser à parler d'un ami avec qui j'ai été si étroitement lié; mais, quand je ne prendrois aucun intérêt personnel à sa mémoire, c'étoit un homme si aimable et si heureusement né que, pour l'honneur de l'espèce humaine, je la croirois toujours bonne à conserver. Cet homme si charmant avoit pourtant ses défauts ainsi que les autres, comme on pourra voir ci-après; mais, s'il ne les eût pas eus, peut-être eût-il été moins aimable. Pour le rendre intéressant autant qu'il pouvoit l'être, il falloit qu'on eût quelque chose à lui pardonner.

Une autre liaison du même temps n'est pas éteinte, et me leurre encore de cet espoir du bonheur temporel qui meurt si difficilement dans le cœur de l'homme. M. de Conzié, gentilhomme savoyard, alors jeune et aimable, eut la fantaisie d'apprendre la musique, ou plutôt de faire connoissance avec celui qui l'enseignoit. Avec de l'esprit et du goût pour les belles connoissances, M. de Conzié avoit une douceur de caractère qui le rendoit très liant, et je l'étois beaucoup moi-même pour les gens en qui je la trouvois. La liaison fut bientôt faite [1]. Le germe de littérature et de philosophie qui commençoit à fermenter dans ma tête, et qui n'attendoit qu'un peu de culture et d'émulation pour se développer tout à fait, les trouvoit en lui. M. de Conzié avoit peu de disposition pour la musique : ce fut un bien pour moi ; les heures des leçons se passoient à tout autre chose qu'à solfier. Nous déjeunions, nous causions, nous lisions quelques nouveautés, et pas un mot de musique. La correspondance de Voltaire avec le prince royal de Prusse faisoit du bruit alors : nous nous entretenions souvent de ces deux hommes célèbres, dont l'un, depuis peu sur le trône, s'annonçoit déjà tel qu'il devoit dans peu se montrer, et dont l'autre, aussi décrié qu'il est admiré maintenant, nous faisoit plaindre sincèrement le malheur qui sembloit le poursuivre, et qu'on voit si souvent être l'apanage des grands talens. Le

---

[1]. Je l'ai revu depuis, et je l'ai trouvé totalement transformé. O le grand magicien que M. de Choiseul! Aucune de mes anciennes connoissances n'a échappé à ses métamorphoses.

prince de Prusse avoit été peu heureux dans sa jeunesse, et Voltaire sembloit fait pour ne l'être jamais. L'intérêt que nous prenions à l'un et à l'autre s'étendoit à tout ce qui s'y rapportoit. Rien de tout ce qu'écrivoit Voltaire ne nous échappoit. Le goût que je pris à ces lectures m'inspira le désir d'apprendre à écrire avec élégance, et de tâcher d'imiter le beau coloris de cet auteur, dont j'étois enchanté. Quelque temps après parurent ses *Lettres philosophiques*. Quoiqu'elles ne soient assurément pas son meilleur ouvrage, ce fut celui qui m'attira le plus vers l'étude, et ce goût naissant ne s'éteignit plus depuis ce temps-là.

Mais le moment n'étoit pas venu de m'y livrer tout de bon. Il me restoit encore une humeur un peu volage, un désir d'aller et venir, qui s'étoit plutôt borné qu'éteint, et que nourrissoit le train de la maison de Mme de Warens, trop bruyant pour mon humeur solitaire. Ce tas d'inconnus qui lui affluoient journellement de toutes parts, et la persuasion où j'étois que ces gens-là ne cherchoient qu'à la duper chacun à sa manière, me faisoient un vrai tourment de mon habitation. Depuis qu'ayant succédé à Claude Anet dans la confidence de sa maîtresse, je suivois de plus près l'état de ses affaires, j'y voyois un progrès en mal dont j'étois effrayé. J'avois cent fois remontré, prié, pressé, conjuré, et toujours inutilement. Je m'étois jeté à ses pieds, je lui avois fortement représenté la catastrophe qui la menaçoit; je l'avois vivement exhortée à réformer sa dépense, à commencer par moi; à souffrir plutôt un peu tandis qu'elle étoit encore jeune, que, multipliant toujours ses dettes et ses créanciers, de s'exposer sur ses vieux jours à leurs vexations et à la misère. Sensible à la sincérité de mon zèle, elle s'attendrissoit avec moi et me promettoit les plus belles choses du monde. Un croquant arrivoit-il, à l'instant tout étoit oublié. Après mille épreuves de l'inutilité de mes remontrances, que me restoit-il à faire que de détourner les yeux du mal que je ne pouvois prévenir? Je m'éloignois de la maison dont je ne pouvois garder la porte; je faisois de petits voyages à Nyon, à Genève, à Lyon, qui, m'étourdissant sur ma peine secrète, en augmentoient en même temps le sujet par ma dépense. Je puis jurer que j'en aurois souffert tous les retranchemens avec joie si maman eût vraiment profité de cette épargne; mais, certain que ce que je me refusois passoit à des fripons, j'abusois de sa facilité pour partager avec eux, et, comme le chien qui revient de la boucherie, j'emportois mon lopin du morceau que je n'avois pu sauver.

Les prétextes ne me manquoient pas pour tous ces voyages, et maman seule m'en eût fourni de reste, tant elle avoit partout de liaisons, de négociations, d'affaires, de commissions à donner à quelqu'un de sûr. Elle ne demandoit qu'à m'envoyer, je ne demandois qu'à aller : cela ne pouvoit manquer de faire une vie assez ambulante. Ces voyages me mirent à portée de faire quelques bonnes connoissances, qui m'ont été dans la suite agréables ou utiles; entre autres, à Lyon, celle de M. Perrichon, que je me reproche de n'avoir pas assez cultivée, vu les bontés qu'il a eues pour moi; celle du bon Parisot, dont je parlerai dans son temps; à Grenoble, celles de Mme Deybens et de Mme la présidente de Bardonanche, femme de beaucoup d'esprit, et qui m'eût pris en amitié si j'avois été à portée de la voir plus souvent; à Genève, celle de M. de La Closure, résident de France, qui me parloit souvent de ma mère, dont malgré la mort et le temps son cœur n'avoit pu se déprendre; celle des deux Barillot, dont le père, qui m'appeloit son petit-fils, étoit d'une société très aimable et l'un des plus dignes hommes que j'aie jamais connus. Durant les troubles de la république, ces deux citoyens se jetèrent dans les deux partis contraires: le fils, dans celui de la bourgeoisie; le père, dans celui des magistrats; et, lorsqu'on prit les armes, en 1737, je vis, étant à Genève, le père et le fils sortir armés de la même maison, l'un pour monter à l'Hôtel de ville, l'autre pour se rendre à son quartier, sûrs de se trouver deux heures après l'un vis-à-vis de l'autre exposés à s'entr'égorger. Ce spectacle affreux me fit une impression si vive que je jurai de ne tremper jamais dans aucune guerre civile et de ne soutenir jamais au dedans la liberté par les armes, ni de ma personne ni de mon aveu, si jamais je rentrois dans mes droits de citoyen. Je me rends le témoignage d'avoir tenu ce serment dans une occasion délicate ; et l'on trouvera, du moins je le pense, que cette modération fut de quelque prix.

Mais je n'en étois pas encore à cette première fermentation de patriotisme que Genève en armes excita dans mon cœur. On jugera combien j'en étois loin par un fait très grave à ma charge, que j'ai oublié de mettre à sa place et qui ne doit pas être omis.

Mon oncle Bernard étoit, depuis quelques années, passé dans la Caroline pour y faire bâtir la ville de Charlestown, dont il avoit donné le plan : il y mourut peu après. Mon pauvre cousin étoit aussi mort au service du roi de Prusse, et ma tante perdit ainsi son fils et son mari presque en même temps. Ces pertes réchauffèrent un peu son amitié pour le plus proche parent qui lui restât, et qui étoit moi. Quand j'allois à Genève je logeois chez elle, et je m'amusois à fureter et feuilleter les livres et papiers que mon oncle avoit laissés. J'y trouvai beaucoup de pièces curieuses et des lettres dont assurément on ne se douteroit pas. Ma tante, qui faisoit peu de cas de ces paperasses, m'eût laissé tout emporter si j'avois voulu. Je me contentai de deux ou trois livres commentés de la main de mon grand-père Bernard le ministre, et entre autres les Œuvres posthumes de Rohault, in-4°, dont les marges étoient pleines d'excellentes scolies qui me firent aimer les mathématiques. Ce livre est resté parmi ceux de Mme de Warens ; j'ai toujours été fâché de ne l'avoir pas gardé. A ces livres je joignis cinq ou six mémoires manuscrits, et un seul imprimé, qui étoit du fameux Micheli Ducret, homme d'un grand talent, savant, éclairé, mais trop remuant, traité bien cruellement par les magistrats de Genève, et mort dernièrement dans la forteresse d'Arberg, où il étoit enfermé depuis longues années, pour avoir, disoit-on, trempé dans la conspiration de Berne.

Ce mémoire étoit une critique assez judicieuse de ce grand et ridicule plan de fortification qu'on a exécuté en partie à Genève, à la grande risée des gens du métier, qui ne savent pas le but secret qu'avoit le conseil dans l'exécution de cette magnifique entreprise. M. Micheli, ayant été exclu de la chambre des fortifications pour avoir blâmé ce plan, avoit cru, comme membre des deux-cents, et même comme citoyen, pouvoir en dire son avis plus au long; et c'étoit ce qu'il avoit fait par ce mémoire, qu'il eut l'imprudence de faire imprimer, mais non pas publier, car il n'en fit tirer que le nombre d'exemplaires qu'il envoyoit aux deux-cents, et qui furent tous interceptés à la poste par ordre du petit conseil. Je trouvai ce mémoire parmi les papiers de mon oncle avec la réponse qu'il avoit été chargé d'y faire, et j'emportai l'un et l'autre. J'avois fait ce voyage peu après ma sortie du cadastre, et j'étois demeuré en quelque liaison avec l'avocat Coccelli, qui en étoit le chef. Quelque temps après, le directeur de la douane s'avisa de me prier de lui tenir un enfant, et me donna Mme Coccelli pour commère. Les honneurs me tournoient la tête; et, fier d'appartenir de si près à monsieur l'avocat, je tâchois de faire l'important pour me montrer digne de cette gloire.

Dans cette idée, je crus ne pouvoir rien faire de mieux que de lui faire voir mon mémoire imprimé de M. Micheli, qui réellement étoit une pièce rare, pour lui prouver que j'appartenois à des notables de Genève qui savoient les secrets de l'État. Cependant, par une demi-réserve dont j'aurois peine à rendre raison, je ne lui montrai point la réponse de mon oncle à ce mémoire, peut-être parce qu'elle étoit manuscrite, et qu'il ne falloit à M. l'avocat que du moulé. Il sentit pourtant si bien le prix de l'écrit que j'eus la bêtise de lui confier que je ne pus jamais le ravoir ni le revoir, et que, bien convaincu de l'inutilité de mes efforts, je me fis un mérite de la chose et transformai ce vol en présent. Je ne doute pas un moment qu'il n'ait bien fait valoir à la cour de Turin cette pièce, plus curieuse cependant qu'utile, et qu'il n'ait eu grand soin de se faire rembourser de manière ou d'autre de l'argent qu'il lui en avoit dû coûter pour l'acquérir. Heureusement, de tous les futurs contingens, un des moins probables est qu'un jour le roi de Sardaigne assiégera Genève. Mais, comme il n'y a pas d'impossibilité à la chose, j'aurai toujours à reprocher à ma sotte vanité d'avoir montré les plus grands défauts de cette place à son plus ancien ennemi.

Je passai deux ou trois ans de cette façon entre la musique, les magistères, les projets, les voyages, flottant incessamment d'une chose à l'autre, cherchant à me fixer sans savoir à quoi, mais entraîné pourtant par degrés vers l'étude, voyant des gens de lettres, entendant parler de littérature, me mêlant quelquefois d'en parler moi-même, et prenant plutôt le jargon des livres que la connoissance de leur contenu. Dans mes voyages de Genève j'allois de temps en temps voir en passant mon ancien bon ami M. Simon, qui fomentoit beaucoup mon émulation naissante par des nouvelles toutes fraîches de la république des lettres, tirées de Baillet ou de Colomiés. Je voyois aussi beaucoup à Chambéri un jacobin, professeur de physique, bonhomme de moine dont j'ai oublié le nom, et qui faisoit souvent de petites expériences qui m'amusoient extrêmement. Je voulus, à son exemple, faire de l'encre de sympathie. Pour cet effet, après avoir rempli une bouteille plus qu'à demi de chaux vive, d'orpiment et d'eau, je la bouchai bien. L'effervescence commença presqu'à l'instant très violemment. Je courus à la bouteille pour la déboucher, mais je n'y fus pas à temps; elle me sauta au visage comme une bombe. J'avalai de l'orpiment, de la chaux; j'en faillis mourir. Je restai aveugle plus de six semaines, et j'appris ainsi à ne pas me mêler de physique expérimentale sans en savoir les élémens.

Cette aventure m'arriva mal à propos pour ma

santé, qui depuis quelque temps s'altéroit sensiblement. Je ne sais d'où venoit qu'étant bien conformé par le coffre, et ne faisant d'excès d'aucune espèce, je déclinois à vue d'œil. J'ai une assez bonne carrure, la poitrine large, mes poumons doivent y jouer à l'aise; cependant j'avois la courte haleine, je me sentois oppressé, je soupirois involontairement, j'avois des palpitations, je crachois du sang; la fièvre lente survint, et je n'en ai jamais été bien quitte. Comment peut-on tomber dans cet état à la fleur de l'âge, sans avoir aucun viscère vicié, sans avoir rien fait pour détruire sa santé ?

L'épée use le fourreau, dit-on quelquefois. Voilà mon histoire. Mes passions m'ont fait vivre, et mes passions m'ont tué. Quelles passions? dira-t-on. Des riens, les choses du monde les plus puériles, mais qui m'affectoient comme s'il se fût agi de la possession d'Hélène ou du trône de l'univers. D'abord les femmes. Quand j'en eus une, mes sens furent tranquilles, mais mon cœur ne le fut jamais. Les besoins de l'amour me dévoroient au sein de la jouissance. J'avois une tendre mère, une amie chérie; mais il me falloit une maîtresse. Je me figurois à sa place; je me la créois de mille façons, pour me donner le change à moi-même. Si j'avois cru tenir maman dans mes bras quand je l'y tenois, mes étreintes n'auroient pas été moins vives, mais tous mes désirs se seroient éteints; j'aurois sangloté de tendresse, mais je n'aurois pas joui. Jouir ! ce sort est-il fait pour l'homme ? Ah ! si jamais une seule fois en ma vie j'avois goûté dans leur plénitude toutes les délices de l'amour, je n'imagine pas que ma frêle existence y eût pu suffire : je serois mort sur le fait.

J'étois donc brûlant d'amour sans objet, et c'est peut-être ainsi qu'il épuise le plus. J'étois inquiet, tourmenté du mauvais état des affaires de ma pauvre maman, et de son imprudente conduite, qui ne pouvoit manquer d'opérer sa ruine totale en peu de temps. Ma cruelle imagination, qui va toujours au-devant des malheurs, me montroit celui-là sans cesse dans tout son excès et dans toutes ses suites. Je me voyois d'avance forcément séparé, par la misère, de celle à qui j'avois consacré ma vie, et sans qui je n'en pouvois jouir. Voilà comment j'avois toujours l'âme agitée. Les désirs et les craintes me dévoroient alternativement.

La musique étoit pour moi une autre passion moins fougueuse, mais non moins consumante par l'ardeur avec laquelle je m'y livrois, par l'étude opiniâtre des obscurs livres de Rameau, par mon invincible obstination à vouloir en charger ma mémoire, qui s'y refusoit toujours, par mes courses continuelles, par les compilations immenses que j'entassois, passant très souvent à copier les nuits entières. Et pourquoi m'arrêter aux choses permanentes, tandis que toutes les folies qui passoient dans mon inconstante tête, les goûts fugitifs d'un seul jour, un voyage, un concert, un souper, une promenade à faire, un roman à lire, une comédie à voir, tout ce qui étoit le moins du monde prémédité dans mes plaisirs ou dans mes affaires, devenoit pour moi tout autant de passions violentes, qui dans leur impétuosité ridicule me donnoient le plus vrai tourment? La lecture des malheurs imaginaires de Cléveland, faite avec fureur et souvent interrompue, m'a fait faire, je crois, plus de mauvais sang que les miens.

Il y avoit un Génevois nommé M. Bagueret, lequel avoit été employé sous Pierre le Grand à la cour de Russie, un des plus vilains hommes et des grands fous que j'aie jamais vus, toujours plein de projets aussi fous que lui, qui faisoit tomber les millions comme la pluie, et à qui les zéros ne coûtoient rien. Cet homme, étant venu à Chambéri pour quelque procès au sénat, s'empara de maman comme de raison, et, pour ses trésors de zéros qu'il lui prodiguoit généreusement, lui tiroit ses pauvres écus pièce à pièce. Je ne l'aimois point; il le voyoit: avec moi cela n'est pas difficile: il n'y avoit sorte de bassesse qu'il n'employât pour me cajoler. Il s'avisa de me proposer d'apprendre les échecs, qu'il jouoit un peu. J'essayai presque malgré moi, et, après avoir tant bien que mal appris la marche, mon progrès fut si rapide qu'avant la fin de la première séance, je lui donnai la tour, qu'il m'avoit donnée en commençant. Il ne m'en fallut pas davantage : me voilà forcené des échecs.

J'achète un échiquier, j'achète le Calabrois ; je m'enferme dans ma chambre, j'y passe les jours et les nuits à vouloir apprendre par cœur toutes les parties, à les fourrer dans ma tête, bon gré, mal gré, à jouer seul sans relâche et sans fin. Après deux ou trois mois de ce beau travail et d'efforts inimaginables, je vais au café, maigre, jaune et presque hébété. Je m'essaye, je rejoue avec M. Bagueret : il me bat une fois, deux fois, vingt fois ; tant de combinaisons s'étoient brouillées dans ma tête, et mon imagination s'étoit si bien amortie, que je ne voyois plus qu'un nuage devant moi. Toutes les fois qu'avec le livre de Philidor ou celui de Stamma j'ai voulu m'exercer à étudier des parties, la même chose m'est arrivée, et, après m'être épuisé de fatigue, je me suis trouvé plus foible qu'auparavant. Du reste, que j'aie abandonné les échecs ou qu'en jouant je me sois remis en haleine, je n'ai jamais avancé d'un cran depuis cette première séance, et je me suis toujours retrouvé au même point où j'étois en la finissant. Je m'exercerois des milliers de siècles que je finirois par pouvoir donner la tour à Bagueret, et rien de plus. Voilà du temps bien employé ! direz-vous. Et je n'y en ai pas employé peu. Je ne finis ce premier essai que quand je n'eus plus la force de continuer. Quand j'allai me montrer sortant de ma chambre, j'avois l'air d'un déterré, et suivant le même train je n'aurois pas resté déterré longtemps. On conviendra qu'il est difficile, et surtout dans l'ardeur de la jeunesse, qu'une pareille tête laisse toujours le corps en santé.

L'altération de la mienne agit sur mon humeur et tempéra l'ardeur de mes fantaisies. Me sentant affoiblir, je devins plus tranquille, et perdis un peu la fureur des voyages. Plus sédentaire, je fus pris non de l'ennui, mais de la mélancolie ; les vapeurs succédèrent aux passions : ma langueur devint tristesse ; je pleurois et soupirois à propos de rien ; je sentois la vie m'échapper sans l'avoir goûtée ; je gémissois sur l'état où je laissois ma pauvre maman, sur celui où je la voyois prête à tomber ; je puis dire que la quitter et la laisser à plaindre étoit mon unique regret. Enfin je tombai tout à fait malade. Elle me soigna comme jamais mère n'a soigné son enfant ; et cela lui fit du bien à elle-même, en faisant diversion aux projets et tenant écartés les projeteurs. Quelle douce mort, si alors elle fût venue ! Si j'avois peu goûté les biens de la vie, j'en avois peu senti les malheurs. Mon âme paisible pouvoit partir sans le sentiment cruel de l'injustice des hommes, qui empoisonne la vie et la mort. J'avois la consolation de me survivre dans la meilleure moitié de moi-même : c'étoit à peine mourir. Sans les inquiétudes que j'avois sur son sort, je serois mort comme j'aurois pu m'endormir, et ces inquiétudes mêmes avoient un objet affectueux et tendre qui en tempéroit l'amertume. Je lui disois : « Vous voilà dépositaire de tout mon être ; faites en sorte qu'il soit heureux. » Deux ou trois fois, quand j'étois le plus mal, il m'arriva de me lever dans la nuit et de me traîner à sa chambre, pour lui donner sur sa conduite des conseils, j'ose dire pleins de justesse et de sens, mais où l'intérêt que je prenois à son sort se marquoit mieux que toute autre chose. Comme si les pleurs étoient ma nourriture et mon remède, je me fortifiois de ceux que je versois auprès d'elle, avec elle assis sur son lit, et tenant ses mains dans les miennes. Les heures couloient dans ces entretiens nocturnes, et je m'en retournois en meilleur état que je n'étois venu : content et calme dans les promesses qu'elle m'avoit faites, dans les espérances qu'elle m'avoit données, je m'endormois là-dessus avec la paix du cœur et la résignation à la Providence. Plaise à Dieu qu'après tant de sujets de haïr la vie, après tant d'orages qui ont agité la mienne et qui ne m'en font plus qu'un fardeau, la mort qui doit la terminer me soit aussi peu cruelle qu'elle me l'eût été dans ce moment-là !

A force de soins, de vigilance et d'incroyables peines, elle me sauva; et il est certain qu'elle seule pouvoit me sauver. J'ai peu de foi à la médecine des médecins, mais j'en ai beaucoup à celle des vrais amis; les choses dont notre bonheur dépend se font toujours beaucoup mieux que toutes les autres. S'il y a dans la vie un sentiment délicieux, c'est celui que nous éprouvâmes d'être rendus l'un à l'autre. Notre attachement mutuel n'en augmenta pas, cela n'étoit pas possible; mais il prit je ne sais quoi de plus intime, de plus touchant dans sa grande simplicité. Je devenois tout à fait son œuvre, tout à fait son enfant, et plus que si elle eût été ma vraie mère. Nous commençâmes, sans y songer, à ne plus nous séparer l'un de l'autre, à mettre en quelque sorte toute notre existence en commun ; et, sentant que réciproquement nous nous étions non seulement nécessaires, mais suffisants, nous nous accoutumâmes à ne plus penser à rien d'étranger à nous, à borner absolument notre bonheur et tous nos désirs à cette possession mutuelle, et peut-être unique parmi les humains, qui n'étoit point, comme je l'ai dit, celle de l'amour, mais une possession plus essentielle, qui, sans tenir aux sens, au sexe, à l'âge, à la figure, tenoit à tout ce par quoi l'on est soi et qu'on ne peut perdre qu'en cessant d'être.

A quoi tint-il que cette précieuse crise n'amenât le bonheur du reste de ses jours et des miens? Ce ne fut pas à moi, je m'en rends le consolant témoignage. Ce ne fut pas non plus à elle, du moins à sa volonté. Il étoit écrit que bientôt l'invincible naturel reprendroit son empire. Mais ce fatal retour ne se fit pas tout d'un coup. Il y eut, grâces au Ciel, un intervalle, court et précieux intervalle, qui n'a pas fini par ma faute, et dont je ne me reprocherai pas d'avoir mal profité.

Quoique guéri de ma grande maladie, je n'avois pas repris ma vigueur. Ma poitrine n'étoit pas rétablie; un reste de fièvre duroit toujours, et me tenoit en langueur. Je n'avois plus de goût à rien qu'à finir mes jours près de celle qui m'étoit chère, à la maintenir dans ses bonnes résolutions, à lui faire sentir en quoi consistoit le vrai charme d'une vie heureuse, à rendre la sienne telle, autant qu'il dépendoit de moi. Mais je voyois, je sentois même que, dans une maison sombre et triste, la continuelle solitude du tête-à-tête deviendroit à la fin triste aussi. Le remède à cela se présenta comme de lui-même. Maman m'avoit ordonné le lait, et vouloit que j'allasse le prendre à la campagne. J'y consentis, pourvu qu'elle y vînt avec moi. Il n'en fallut pas davantage pour la déterminer : il ne s'agit plus que du choix du lieu. Le jardin du faubourg n'étoit pas proprement à la campagne; entouré de maisons et d'autres jardins, il n'avoit point les attraits d'une retraite champêtre. D'ailleurs, après la mort d'Anet, nous avions quitté ce jardin pour raison d'économie, n'ayant plus à cœur d'y tenir des plantes, et d'autres vues nous faisant peu regretter ce réduit.

Profitant maintenant du dégoût que je lui trouvai pour la ville, je lui proposai de l'abandonner tout à fait, et de nous établir dans une solitude agréable, dans quelque petite maison assez éloignée pour dérouter les importuns. Elle l'eût fait, et ce parti, que son bon ange et le mien me suggéroient, nous eût vraisemblablement assuré des jours heureux et tranquilles, jusqu'au moment où la mort devoit nous séparer. Mais cet état n'étoit pas celui où nous étions appelés. Maman devoit éprouver toutes les peines de l'indigence et du mal-être, après avoir passé sa vie dans l'abondance, pour la lui faire quitter avec moins de regret ; et moi, par un assemblage de maux de toute espèce, je devois être un jour un exemple à quiconque, inspiré du seul amour du bien public et de la justice, ose, fort de sa seule innocence, dire ouvertement la vérité aux hommes, sans s'étayer par des cabales, sans s'être fait des partis pour le protéger.

Une malheureuse crainte la retint. Elle n'osa quitter sa vilaine maison, de peur de fâcher le propriétaire. « Ton projet de retraite est charmant, me dit-elle, et fort de mon goût ; mais dans cette retraite il faut vivre. En quittant ma prison je risque de perdre mon pain ; et, quand nous n'en aurons plus dans les bois, il en faudra bien retourner chercher à la ville. Pour avoir moins besoin d'y venir, ne la quittons pas tout à fait. Payons cette petite pension au comte de Saint-Laurent, pour qu'il me laisse la mienne. Cherchons quelque réduit assez loin de la ville pour vivre en paix, et assez près pour y revenir toutes les fois qu'il sera nécessaire. » Ainsi fut fait. Après avoir un peu cherché, nous nous fixâmes aux Charmettes, une terre de M. de Conzié, à la porte de Chambéri, mais retirée et solitaire comme si l'on étoit à cent lieues. Entre deux coteaux assez élevés est un petit vallon nord et sud, au fond duquel coule une rigole entre des cailloux et des arbres. Le long de ce vallon, à mi-côte, sont quelques maisons éparses, fort agréables pour quiconque aime un asile un peu sauvage et retiré. Après avoir essayé deux ou trois de ces maisons, nous choisîmes enfin la plus jolie, appartenant à un gentilhomme qui étoit au service, appelé M. Noiret. La maison étoit très logeable. Au devant étoit un jardin en terrasse, une vigne au-dessus, un verger au-dessous; vis-à-vis, un petit bois de châtaigniers, une fontaine à portée; plus haut, dans la montagne, des prés pour l'entretien du bétail : enfin tout ce qu'il falloit pour le petit ménage champêtre que nous y voulions établir. Autant que je puis me rappeler les temps et les dates, nous en prîmes possession vers la fin de l'été de 1736. J'étois transporté le premier jour que nous y couchâmes. « O maman! dis-je à cette chère amie en l'embrassant et l'inondant de larmes d'attendrissement et de joie, ce séjour est celui du bonheur et de l'innocence. Si nous ne les trouvons pas ici l'un avec l'autre, il ne les faut chercher nulle part. »

LA PERVENCHE
(Confessions, Liv. VI.)

LIVRE SIXIÈME

(1736)

Hoc erat in votis : modus agri non ita magnus,
Hortus ubi, et tecto vicinus jugis aquæ fons;
Et paulum sylvæ super his foret.....

Je ne puis pas ajouter :

Auctius atque
Di melius fecere;

mais n'importe, il ne m'en falloit pas davantage; il ne m'en falloit pas même la propriété : c'étoit assez pour moi de la jouissance; et il y a long-temps que j'ai dit et senti que le propriétaire et le possesseur sont souvent deux personnes très différentes, même en laissant à part les maris et les amans.

Ici commence le court bonheur de ma vie; ici viennent les paisibles mais rapides momens qui m'ont donné le droit de dire que j'ai vécu. Momens précieux et si regrettés ! ah! recommencez pour moi votre aimable cours; coulez plus lentement dans mon souvenir, s'il est possible, que vous ne fîtes réellement dans votre fugitive succession. Comment ferai-je pour prolonger à mon gré ce récit si touchant et si simple, pour redire toujours les mêmes choses, et n'ennuyer pas plus mes lecteurs en les répétant que je ne m'ennuyois moi-même en les recommençant sans cesse? Encore si tout cela consistoit en faits, en actions, en paroles, je pourrois le décrire et le rendre en quelque façon; mais comment dire ce qui n'étoit ni dit ni fait, ni pensé même, mais goûté, mais senti, sans que je puisse énoncer d'autre objet de mon bonheur que ce sentiment même? Je me levois avec le soleil, et j'étois heureux; je me promenois, et j'étois heureux; je voyois maman, et j'étois heureux; je la quittois, et j'étois heureux; je parcourois les bois, les coteaux, j'errois dans les vallons, je lisois, j'étois oisif, je travaillois au jardin, je cueillois les fruits, j'aidois au ménage, et le bonheur me suivoit partout : il n'étoit dans aucune chose assignable, il étoit tout en moi-même, il ne pouvoit me quitter un seul instant.

Rien de tout ce qui m'est arrivé durant cette époque chérie, rien de ce que j'ai fait, dit et pensé tout le temps qu'elle a duré, n'est échappé de ma mémoire. Les temps qui précèdent et qui suivent me reviennent par intervalles; je me les rappelle inégalement et confusément; mais je me rappelle celui-là tout entier comme s'il duroit encore. Mon imagination, qui dans ma jeunesse alloit toujours en avant, et maintenant rétrograde, compense par ces doux souvenirs l'espoir que j'ai pour jamais perdu. Je ne vois plus rien dans l'avenir qui me tente; les seuls retours du passé peuvent me flatter, et ces retours si vifs et si vrais dans l'époque dont je parle me font souvent vivre heureux malgré mes malheurs.

Je donnerai de ces souvenirs un seul exemple qui pourra faire juger de leur force et de leur vérité. Le premier jour que nous allâmes coucher aux Charmettes, maman étoit en chaise à porteurs et je la suivois à pied. Le chemin monte : elle étoit assez pesante, et, craignant de trop fatiguer ses porteurs, elle voulut descendre à peu près à moitié chemin pour faire le reste à pied. En marchant elle vit quelque chose de bleu dans la haie, et me dit : « Voilà de la pervenche encore en fleur. » Je n'avois jamais vu de la pervenche, je ne me baissai pas pour l'examiner, et j'ai la vue trop courte pour distinguer à terre les plantes, de ma hauteur. Je jetai seulement en passant un coup d'œil sur celle-là, et près de trente ans se sont passés sans que j'aie revu de la pervenche ou que j'y aie fait attention. En 1764, étant à Cressier avec mon ami M. du Peyrou, nous montions une petite montagne au sommet de laquelle il a un joli salon qu'il appelle avec raison Belle-Vue. Je commençois alors d'herboriser un peu. En montant et regardant parmi les buissons, je pousse un cri de joie : « Ah! voilà de la pervenche! » et c'en étoit en effet. Du Peyrou s'aperçut du transport, mais il en ignoroit la cause ; il l'apprendra, je l'espère, lorsqu'un jour il lira ceci. Le lecteur peut juger, par l'impression d'un si petit objet, de celle que m'ont faite tous ceux qui se rapportent à la même époque.

Cependant l'air de la campagne ne me rendit point ma première santé. J'étois languissant ; je le devins davantage. Je ne pus supporter le lait ; il fallut le quitter. C'étoit alors la mode de l'eau pour tout remède : je me mis à l'eau, et si peu discrètement qu'elle faillit me guérir non de mes maux, mais de la vie. Tous les matins, en me levant, j'allois à la fontaine avec un grand gobelet, et j'en buvois successivement, en me promenant, la valeur de deux bouteilles. Je quittai tout à fait le vin à mes repas. L'eau que je buvois étoit un peu crue et difficile à passer, comme sont la plupart des eaux des montagnes. Bref, je fis si bien qu'en moins de deux mois je me détruisis totalement l'estomac, que j'avois eu très bon jusqu'alors. Ne digérant plus, je compris qu'il ne falloit plus espérer de guérir. Dans ce même temps il m'arriva un accident aussi singulier par lui-même que par ses suites, qui ne finiront qu'avec moi.

Un matin que je n'étois pas plus mal qu'à l'ordinaire, en dressant une petite table sur son pied, je sentis dans tout mon corps une révolution subite et presque inconcevable. Je ne saurois mieux la comparer qu'à une espèce de tempête qui s'éleva dans mon sang et gagna dans l'instant tous mes membres. Mes artères se mirent à battre d'une si grande force que non seulement je sentois leur battement, mais que je l'entendois même, et surtout celui des carotides. Un grand bruit d'oreilles se joignit à cela, et ce bruit étoit triple ou plutôt quadruple, savoir : un bourdonnement grave et sourd, un murmure plus clair comme d'une eau courante, un sifflement très aigu, et le battement que je viens de dire, et dont je pouvois aisément compter les coups sans me tâter le pouls ni toucher mon corps de mes mains. Ce bruit interne étoit si grand qu'il m'ôta la finesse d'ouïe que j'avois auparavant, et me rendit non tout à fait sourd, mais dur d'oreille, comme je le suis depuis ce temps-là.

On peut juger de ma surprise et de mon effroi. Je me crus mort; je me mis au lit : le médecin fut appelé; je lui contai mon cas en frémissant, et le jugeant sans remède. Je crois qu'il en pensa de même; mais il fit son métier. Il m'enfila de longs raisonnemens où je ne compris rien du tout; puis, en conséquence de sa sublime théorie, il commença *in anima vili* la cure expérimentale qu'il lui plut de tenter. Elle étoit si pénible, si dégoûtante, et opéroit si peu, que je m'en lassai bientôt; et, au bout de quelques semaines, voyant que je n'étois ni mieux ni pis, je quittai le lit et repris ma vie ordinaire avec mon battement d'artères et mes bourdonnemens, qui depuis ce temps-là, c'est-à-dire depuis trente ans, ne m'ont pas quitté une minute.

J'avois été jusqu'alors grand dormeur. La totale privation du sommeil qui se joignit à tous ces symptômes, et qui les a constamment accompagnés jusqu'ici, acheva de me persuader qu'il me restoit peu de temps à vivre. Cette persuasion me tranquillisa pour un temps sur le soin de guérir. Ne pouvant prolonger ma vie, je résolus de tirer du peu qu'il m'en restoit tout le parti qu'il étoit possible ; et cela se pouvoit, par une singulière faveur de la nature, qui, dans un état si funeste, m'exemptoit des douleurs qu'il sembloit devoir m'attirer. J'étois importuné de ce bruit, mais je n'en souffrois pas : il n'étoit accompagné d'aucune autre incommodité habituelle que de l'insomnie durant les nuits, et en tout temps d'une courte haleine qui n'alloit pas jusqu'à l'asthme, et ne se faisoit sentir que quand je voulois courir ou agir un peu fortement.

Cet accident, qui devoit tuer mon corps, ne tua que mes passions, et j'en bénis le Ciel chaque jour, par l'heureux effet qu'il produisit sur mon âme. Je puis bien dire que je ne commençai de vivre que quand je me regardai comme un homme mort. Donnant leur véritable prix aux choses que j'allois quitter, je commençai de m'occuper de soins plus nobles, comme par anticipation sur ceux que j'aurois bientôt à remplir, et que j'avois fort négligés jusqu'alors. J'avois souvent travesti la religion à ma mode, mais je n'avois jamais été tout à fait sans religion. Il m'en coûta moins de revenir à ce sujet, si triste pour tant de gens, mais si doux pour qui s'en fait un objet de consolation et d'espoir. Maman me fut, en cette occasion, beaucoup plus utile que tous les théologiens ne me l'auroient été.

Elle, qui mettoit toute chose en système, n'avoit pas manqué d'y mettre aussi la religion ; et ce système étoit composé d'idées très disparates, les unes très saines, les autres très folles, de sentimens relatifs à son caractère et de préjugés venus de son éducation. En général, les croyans font Dieu comme ils sont eux-mêmes : les bons le font bon, les méchans le font méchant ; les dévots, haineux et bilieux, ne voient que l'enfer, parce qu'ils voudroient damner tout le monde ; les âmes aimantes et douces n'y croient guère ; et l'un des étonnemens dont je ne reviens point est de voir le bon Fénelon en parler dans son *Télémaque* comme s'il y croyoit tout de bon ; mais j'espère qu'il mentoit alors : car enfin, quelque véridique qu'on soit, il faut bien mentir quelquefois quand on est évêque. Maman ne mentoit pas avec moi ; et cette âme sans fiel, qui ne pouvoit imaginer un Dieu vindicatif et toujours courroucé, ne voyoit que clémence et miséricorde où les dévots ne voient que justice et punition. Elle disoit souvent qu'il n'y auroit point de justice en Dieu d'être juste envers nous, parce que, ne nous ayant pas donné ce qu'il faut pour l'être, ce seroit redemander plus qu'il n'a donné. Ce qu'il y avoit de bizarre étoit que, sans croire à l'enfer, elle ne laissoit pas de croire au purgatoire. Cela venoit de ce qu'elle ne savoit que faire des âmes des méchans, ne pouvant ni les damner ni les mettre avec les bons jusqu'à ce qu'ils le fussent devenus; et il faut avouer qu'en effet, et dans ce monde et dans l'autre, les méchans sont toujours bien embarrassans.

Autre bizarrerie. On voit que toute la doctrine du péché originel et de la rédemption est détruite par ce système, que la base du christianisme vulgaire en est ébranlée, et que le catholicisme au moins ne peut subsister. Maman cependant étoit bonne catholique, ou prétendoit l'être, et il est sûr qu'elle le prétendoit de très bonne foi. Il lui sembloit qu'on expliquoit trop littéralement et trop durement l'Écriture. Tout ce qu'on y lit des tourmens éternels lui paroissoit comminatoire ou figuré. La mort de Jésus-Christ lui paroissoit un exemple de charité vraiment divine, pour apprendre aux hommes à aimer Dieu et à s'aimer entre eux de même. En un mot, fidèle à la religion qu'elle avoit embrassée, elle en admettoit sincèrement toute la profession de foi; mais, quand on venoit à la discussion de chaque article, il se trouvoit qu'elle croyoit tout autrement que l'Église, toujours en s'y soumettant. Elle avoit là-dessus une simplicité de cœur, une franchise plus éloquente que des ergoteries, et qui souvent embarrassoit jusqu'à son confesseur : car elle ne lui déguisoit rien. « Je suis bonne catholique, lui disoit-elle, je veux toujours l'être ; j'adopte de toutes les puissances de mon âme les décisions de la sainte mère Église. Je ne suis pas maîtresse de ma foi, mais je le suis de ma volonté. Je la soumets sans réserve, et je veux tout croire. Que me demandez-vous de plus ? »

Quand il n'y auroit point eu de morale chrétienne, je crois qu'elle l'auroit suivie, tant elle s'adaptoit bien à son caractère. Elle faisoit tout ce qui étoit ordonné ; mais elle l'eût fait de même quand il n'auroit pas été ordonné. Dans les choses indifférentes elle aimoit à obéir ; et, s'il ne lui eût pas été permis, prescrit même, de faire gras, elle auroit fait maigre entre Dieu et elle, sans que la prudence eût eu besoin d'y entrer pour rien. Mais toute cette morale étoit subordonnée aux principes de M. de Tavel, ou plutôt elle prétendoit n'y rien voir de contraire. Elle eût couché tous les jours avec vingt hommes en repos de conscience, et sans même en avoir plus de scrupule que de désir. Je sais que force dévotes ne sont pas, sur ce point, plus scrupuleuses ; mais la différence est qu'elles sont séduites par leurs passions, et qu'elle ne l'étoit que par ses sophismes. Dans les conversations les plus touchantes, et j'ose dire les plus édifiantes, elle fût tombée sur ce point sans changer ni d'air ni de ton, sans se croire en contradiction avec elle-même. Elle l'eût même interrompue au besoin pour le fait, et puis l'eût reprise avec la même sérénité qu'auparavant : tant elle étoit intimement persuadée que tout cela n'étoit qu'une maxime de police sociale dont toute personne sensée pouvoit faire l'interprétation, l'application, l'exception, selon l'esprit de la chose, sans le moindre risque d'offenser Dieu. Quoique sur ce point je ne fusse assurément pas de son avis, j'avoue que je n'osois le combattre, honteux du rôle peu galant qu'il m'eût fallu faire pour cela. J'aurois bien cherché d'établir la règle pour les autres, en tâchant de m'en excepter; mais, outre que son tempérament prévenoit assez l'abus de ses principes, je sais qu'elle n'étoit pas femme à prendre le change, et que réclamer l'exception pour moi c'étoit la lui laisser pour tous ceux qu'il lui plairoit. Au reste, je compte ici par occasion cette inconséquence avec les autres, quoiqu'elle ait eu toujours peu d'effet dans sa conduite, et qu'alors elle n'en eût point du tout; mais j'ai promis d'exposer fidèlement ses principes, et je veux tenir cet engagement. Je reviens à moi.

Trouvant en elle toutes les maximes dont j'avois besoin pour garantir mon âme des terreurs de la mort et de ses suites, je puisois avec sécurité dans cette source de confiance. Je m'attachois à elle plus que je n'avois jamais fait; j'aurois voulu transporter tout en elle ma vie, que je sentois prête à m'abandonner. De ce redoublement d'attachement pour elle, de la persuasion qu'il me restoit peu de temps à vivre, de ma profonde sécurité sur mon sort à venir, résultoit un état habituel très calme, et sensuel même, en ce qu'amortissant toutes les passions qui portent au loin nos craintes et nos espérances, il me laissoit jouir sans inquiétude et sans trouble du peu de jours qui m'étoient laissés. Une chose contribuoit à les rendre plus agréables : c'étoit le soin de nourrir son goût pour la campagne par tous les amusemens que j'y pouvois rassembler. En lui faisant aimer son jardin, sa basse-cour, ses pigeons, ses vaches, je m'affectionnois moi-même à tout cela; et ces petites occupations, qui remplissoient ma journée sans troubler ma tranquillité, me valurent mieux que le lait et tous les remèdes pour conserver ma pauvre machine, et la rétablir même autant que cela se pouvoit.

Les vendanges, la récolte des fruits, nous amusèrent le reste de cette année, et nous attachèrent de plus en plus à la vie rustique, au milieu des bonnes gens dont nous étions entourés. Nous vîmes arriver l'hiver avec grand regret, et nous retournâmes à la ville comme nous serions allés en exil; moi surtout, qui, doutant de revoir le printemps, croyois dire adieu pour toujours aux Charmettes. Je ne les quittai pas sans baiser la terre et les arbres, et sans me retourner plusieurs fois en m'en éloignant. Ayant quitté depuis longtemps mes écolières, ayant perdu le goût des amusemens et des sociétés de la ville, je ne sortois plus, je ne voyois plus personne, excepté maman et M. Salomon, devenu depuis peu son médecin et le mién, honnête homme, homme d'esprit, grand cartésien, qui parloit assez bien du système du monde, et dont les entretiens agréables et instructifs me valurent mieux que toutes ses ordonnances. Je n'ai jamais pu supporter ce sot et niais remplissage des conversations ordinaires ; mais des conversations utiles et solides m'ont toujours fait grand plaisir, et je ne m'y suis jamais refusé. Je pris beaucoup de goût à celles de M. Salomon : il me sembloit que j'anticipois avec lui sur ces hautes connoissances que mon âme alloit acquérir quand elle auroit perdu ses entraves. Ce goût que j'avois pour lui s'étendit aux sujets qu'il traitoit, et je commençai de rechercher les livres qui pouvoient m'aider à le mieux entendre. Ceux qui mêlaient la dévotion aux sciences m'étoient les plus convenables : tels étoient particulièrement ceux de l'Oratoire et de Port-Royal. Je me mis à les lire, ou plutôt à les dévorer. Il m'en tomba dans les mains un du P. Lamy, intitulé *Entretiens sur les sciences*. C'étoit une espèce d'introduction à la connoissance des livres qui en traitent. Je le lus et relus cent fois ; je résolus d'en faire mon guide. Enfin je me sentis entraîné peu à peu malgré mon état, ou plutôt par mon état, vers l'étude avec une force irrésistible ; et, tout en regardant chaque jour comme le dernier de mes jours, j'étudiois avec autant d'ardeur que si j'avois dû toujours vivre. On disoit que cela me faisoit du mal ; je crois, moi, que cela me fit du bien, et non seulement à mon âme, mais à mon corps : car cette application, pour laquelle je me passionnois, me devint si délicieuse que, ne pensant plus à mes maux, j'en étois beaucoup moins affecté. Il est pourtant vrai que rien ne me procuroit uns oulagement réel ; mais, n'ayant pas de douleurs vives, je m'accoutumois à languir, à ne pas dormir, à penser au lieu d'agir, et enfin à regarder le dépérissement successif et lent de ma machine comme un progrès inévitable que la mort seule pouvoit arrêter.

Non seulement cette opinion me détacha de tous les vains soins de la vie, mais elle me délivra de l'importunité des remèdes, auxquels on m'avoit jusqu'alors soumis malgré moi. Salomon, convaincu que ses drogues ne pouvoient me sauver, m'en épargna le déboire, et se contenta d'amuser la douleur de ma pauvre maman avec quelques-unes de ces ordonnances indifférentes qui leurrent l'espoir du malade et maintiennent le crédit du médecin. Je quittai l'étroit régime ; je repris l'usage du vin et tout le train de vie d'un homme en santé, selon la mesure de mes forces, sobre sur toute chose, mais ne m'abstenant de rien. Je sortis même et recommençai d'aller voir mes connoissances, surtout M. de Conzié, dont le commerce me plaisoit fort. Enfin, soit qu'il me parût beau d'apprendre jusqu'à ma dernière heure, soit qu'un reste d'espoir de vivre se cachât au fond de mon cœur, l'attente de la mort, loin de ralentir mon goût pour l'étude, sembloit l'animer ; et je me pressois d'amasser un peu d'acquis pour l'autre monde, comme si j'avois cru n'y avoir que celui que j'aurois emporté. Je pris en affection la boutique d'un libraire appelé Bouchard, où se rendoient quelques gens de lettres; et, le printemps, que j'avois cru ne pas revoir, étant proche, je m'assortis de quelques livres pour les Charmettes, en cas que j'eusse le bonheur d'y retourner.

J'eus ce bonheur, et j'en profitai de mon mieux. La joie avec laquelle je vis les premiers bourgeons est inexprimable. Revoir le printemps étoit pour moi ressusciter en paradis. A peine les neiges commençoient à fondre que nous quittâmes notre cachot, et nous fûmes assez tôt aux Charmettes pour y avoir les prémices du rossignol. Dès lors je ne crus plus mourir; et réellement il est singulier que je n'aie jamais fait de grandes maladies à la campagne. J'y ai beaucoup souffert, mais je n'y ai jamais été alité. Souvent j'ai dit, me sentant plus mal qu'à l'ordinaire : « Quand vous me verrez prêt à mourir, portez-moi à l'ombre d'un chêne, je vous promets que j'en reviendrai. »

Quoique foible, je repris mes fonctions champêtres, mais d'une manière proportionnée à mes forces. J'eus un vrai chagrin de ne pouvoir faire le jardin tout seul; mais, quand j'avois donné six coups de bêche, j'étois hors d'haleine, la sueur me ruisseloit, je n'en pouvois plus. Quand j'étois baissé, mes battemens redoubloient, et le sang me montoit à la tête avec tant de force qu'il falloit bien vite me redresser. Contraint de me borner à des soins moins fatigants, je pris entre autres celui du colombier, et je m'y affectionnai si fort que j'y passois souvent plusieurs heures de suite sans m'ennuyer un moment. Le pigeon est fort timide et difficile à apprivoiser; cependant je vins à bout d'inspirer aux miens tant de confiance qu'ils me suivoient partout et se laissoient prendre quand je voulois. Je ne pouvois paroître au jardin ni dans la cour sans en avoir à l'instant deux ou trois sur les bras, sur la tête; et enfin, malgré le plaisir que j'y prenois, ce cortège me devint si incommode que je fus obligé de leur ôter cette familiarité. J'ai toujours pris un singulier plaisir à apprivoiser les animaux, surtout ceux qui sont craintifs et sauvages. Il me paroissoit charmant de leur inspirer une confiance que je n'ai jamais trompée : je voulois qu'ils m'aimassent en liberté.

J'ai dit que j'avois apporté des livres; j'en fis usage, mais d'une manière moins propre à m'instruire qu'à m'accabler. La fausse idée que j'avois des choses me persuadoit que, pour lire un livre avec fruit, il falloit avoir toutes les connoissances qu'il supposoit, bien éloigné de penser que souvent l'auteur ne les avoit pas lui-même, et qu'il les puisoit dans d'autres livres à mesure qu'il en avoit besoin. Avec cette folle idée, j'étois arrêté à chaque instant, forcé de courir incessamment d'un livre à l'autre; et quelquefois, avant d'être à la dixième page de celui que je voulois étudier, il m'eût fallu épuiser des bibliothèques. Cependant je m'obstinai si bien à cette extravagante méthode que j'y perdis un temps infini, et faillis à me brouiller la tête au point de ne pouvoir plus ni rien voir ni rien savoir. Heureusement je m'aperçus que j'enfilois une fausse route qui m'égaroit dans un labyrinthe immense, et j'en sortis avant d'y être tout à fait perdu.

Pour peu qu'on ait un vrai goût pour les sciences, la première chose qu'on sent en s'y livrant, c'est leur liaison, qui fait qu'elles s'attirent, s'aident, s'éclairent mutuellement, et que l'une ne peut se passer de l'autre. Quoique l'esprit humain ne puisse suffire à toutes, et qu'il en faille toujours préférer une comme la principale, si l'on n'a quelque notion des autres, dans la sienne même on se trouve souvent dans l'obscurité. Je sentis que ce que j'avois entrepris étoit bon et utile en lui-même, qu'il n'y avoit que la méthode à changer. Prenant d'abord l'Encyclopédie, j'allois la divisant dans ses branches. Je vis qu'il falloit faire tout le contraire, les prendre chacune séparément, et les poursuivre chacune à part jusqu'au point où elles se réunissent. Ainsi je revins à la synthèse ordinaire, mais j'y revins en homme qui sait ce qu'il fait. La méditation me tenoit en cela lieu de connoissances, et une réflexion très naturelle aidoit à me bien guider. Soit que je vécusse ou que je mourusse, je n'avois point de temps à perdre. Ne rien savoir à près de vingt-cinq ans et vouloir tout apprendre, c'est s'engager à bien mettre le temps à profit. Ne sachant à quel point le sort ou la mort pouvoient arrêter mon zèle, je voulois, à tout événement, acquérir des idées de toutes choses, tant pour sonder mes dispositions naturelles que pour juger par moi-même de ce qui méritoit le mieux d'être cultivé.

Je trouvai dans l'exécution de ce plan un autre avantage auquel je n'avois pas pensé, celui de mettre beaucoup de temps à profit. Il faut que je ne sois pas né pour l'étude, car une longue application me fatigue à tel point qu'il m'est impossible de m'occuper une demi-heure de suite avec force du même sujet, surtout en suivant les idées d'autrui : car il m'est arrivé quelquefois de me livrer plus longtemps aux miennes, et même avec assez de succès. Quand j'ai suivi durant quelques pages un auteur qu'il faut lire avec application, mon esprit l'abandonne et se perd dans les nuages. Si je m'obstine, je m'épuise inutilement, les éblouissemens me prennent, je ne vois plus rien ; mais que des sujets différens se succèdent, même sans interruption, l'un me délasse de l'autre, et, sans avoir besoin de relâche, je les suis plus aisément. Je mis à profit cette observation dans mon plan d'études, et je les entremêlai tellement que je m'occupois tout le jour et ne me fatiguois jamais. Il est vrai que les soins champêtres et domestiques faisoient des diversions utiles ; mais, dans ma ferveur croissante, je trouvai bientôt le moyen d'en ménager encore le temps pour l'étude, et de m'occuper à la fois de deux choses, sans songer que chacune en alloit moins bien.

Dans tant de menus détails qui me charment et dont j'excède souvent mon lecteur, je mets pourtant une discrétion dont il ne se douteroit guère si je n'avois soin de l'en avertir. Ici, par exemple, je me rappelle avec délices tous les différens essais que je fis pour distribuer mon temps de façon que j'y trouvasse à la fois autant d'agrément et d'utilité qu'il étoit possible; et je puis dire que ce temps où je vivois dans la retraite et toujours malade fut celui de ma vie où je fus le moins oisif et le moins ennuyé. Deux ou trois mois se passèrent ainsi à tâter la pente de mon esprit, et à jouir, dans la plus belle saison de l'année et dans un lieu qu'elle rendoit enchanté, du charme de la vie dont je sentois si bien le prix, de celui d'une société aussi libre que douce, si l'on peut donner le nom de société à une aussi parfaite union, et de celui des belles connoissances que je me proposois d'acquérir : car c'étoit pour moi comme si je les avois déjà possédées, ou plutôt c'étoit mieux encore, puisque le plaisir d'apprendre entroit pour beaucoup dans mon bonheur.

Il faut passer sur ces essais, qui tous étoient pour moi des jouissances, mais trop simples pour pouvoir être expliquées. Encore un coup, le vrai bonheur ne se décrit pas, il se sent, et se sent d'autant mieux qu'il peut le moins se décrire, parce qu'il ne résulte pas d'un recueil de faits, mais qu'il est un état permanent. Je me répète souvent; mais je me répéterois bien davantage si je disois la même chose autant de fois qu'elle me vient dans l'esprit. Quand enfin mon train de vie souvent changé eut pris un cours uniforme, voici à peu près quelle en fut la distribution.

Je me levois tous les matins avant le soleil; je montois par un verger voisin dans un très joli chemin qui étoit au-dessus de la vigne et suivoit la côte jusqu'à Chambéri. Là, tout en me promenant, je faisois ma prière, qui ne consistoit pas en un vain balbutiement de lèvres, mais dans une sincère élévation de cœur à l'auteur de cette aimable nature dont les beautés étoient sous mes yeux. Je n'ai jamais aimé à prier dans la chambre : il me semble que les murs et tous ces petits ouvrages des hommes s'interposent entre Dieu et moi. J'aime à le contempler dans ses œuvres, tandis que mon cœur s'élève à lui. Mes prières étoient pures, je puis le dire, et dignes par là d'être exaucées. Je ne demandois pour moi, et pour celle dont mes vœux ne me séparoient jamais, qu'une vie innocente et tranquille, exempte du vice, de la douleur, des pénibles besoins; la mort des justes, et leur sort dans l'avenir. Du reste, cet acte se passoit plus en admiration et en contemplation qu'en demandes, et je savois qu'auprès du dispensateur des vrais biens, le meilleur moyen d'obtenir ceux qui nous sont nécessaires est moins de les demander que de les mériter. Je revenois en me promenant par un assez grand tour, occupé à considérer avec intérêt et volupté les objets champêtres dont j'étois environné, les seuls dont l'œil et le cœur ne se lassent jamais. Je regardois de loin s'il étoit jour chez maman : quand je voyois son contrevent ouvert, je tressaillois de joie et j'accourois; s'il étoit fermé, j'entrois au jardin en attendant qu'elle fût réveillée, m'amusant à repasser ce que j'avois appris la veille, ou à jardiner. Le contrevent s'ouvroit, j'allois l'embrasser dans son lit, souvent encore à moitié endormie; et cet embrassement, aussi pur que tendre, tiroit de son innocence même un charme qui n'est jamais joint à la volupté des sens.

Nous déjeunions ordinairement avec du café au lait. C'étoit le temps de la journée où nous étions le plus tranquilles, où nous causions le plus à notre aise. Ces séances, pour l'ordinaire assez longues, m'ont laissé un goût vif pour les déjeuners; et je préfère infiniment l'usage d'Angleterre et de Suisse, où le déjeuner est un vrai repas qui rassemble tout le monde, à celui de France, où chacun déjeune seul dans sa chambre, ou le plus souvent ne déjeune point du tout. Après une heure ou deux de causerie, j'allois à mes livres jusqu'au dîner. Je commençois par quelque livre de philosophie comme la *Logique de Port-Royal,* l'*Essai* de Locke, Malebranche, Leibnitz, Descartes, etc. Je m'aperçus bientôt que tous ces auteurs étoient entre eux en contradiction presque perpétuelle, et je formai le chimérique projet de les accorder, qui me fatigua beaucoup et me fit perdre bien du temps. Je me brouillois la tête et je n'avançois point. Enfin, renonçant encore à cette méthode, j'en pris une infiniment meilleure, et à laquelle j'attribue tout le progrès que je puis avoir fait, malgré mon défaut de capacité : car il est certain que j'en eus toujours fort peu pour l'étude. En lisant chaque auteur, je me fis une loi d'adopter et suivre toutes ses idées sans y mêler les miennes ni celles d'un autre, et sans jamais disputer avec lui. Je me dis : « Commençons par me faire un magasin d'idées, vraies ou fausses, mais nettes, en attendant que ma tête en soit assez fournie pour pouvoir les comparer et choisir. » Cette méthode n'est pas sans inconvénient, je le sais; mais elle m'a réussi dans l'objet de m'instruire. Au bout de quelques années passées à ne penser exactement que d'après autrui, sans réfléchir pour ainsi dire et presque sans raisonner, je me suis trouvé un assez grand fonds d'acquis pour me suffire à moi-même et penser sans le secours d'autrui. Alors, quand les voyages et les affaires m'ont ôté les moyens de consulter les livres, je me suis amusé à repasser et comparer ce que j'avois lu, à peser chaque chose à la balance de la raison, et à juger quelquefois mes maîtres. Pour avoir commencé tard à mettre en exercice ma faculté judiciaire, je n'ai pas trouvé qu'elle eût perdu sa vigueur; et, quand j'ai publié mes propres idées, on ne m'a pas accusé d'être un disciple servile, et de jurer *in verba magistri.*

Je passois de là à la géométrie élémentaire : car je n'ai jamais été plus loin, m'obstinant à vouloir vaincre mon peu de mémoire à force de revenir cent et cent fois sur mes pas et de recommencer incessamment la même marche. Je ne goûtai pas celle d'Euclide, qui cherche plutôt la chaîne des démonstrations que la liaison des idées ; je préférai la géométrie du P. Lamy, qui dès lors devint un de mes auteurs favoris, et dont je relis encore avec plaisir les ouvrages. L'algèbre suivoit, et ce fut toujours le P. Lamy que je pris pour guide. Quand je fus plus avancé, je pris la *Science du calcul,* du P. Reynaud, puis son *Analyse démontrée,* que je n'ai fait qu'effleurer. Je n'ai jamais été assez loin pour bien sentir l'application de l'algèbre à la géométrie. Je n'aimois point cette manière d'opérer sans voir ce qu'on fait, et il me sembloit que résoudre un problème de géométrie par les équations, c'étoit jouer un air en tournant une manivelle. La première fois que je trouvai par le calcul que le carré d'un binôme étoit composé du carré de chacune de ses parties et du double produit de l'une par l'autre, malgré la justesse de ma multiplication, je n'en voulus rien croire jusqu'à ce que j'eusse fait la figure. Ce n'étoit pas que je n'eusse un grand goût pour l'algèbre en n'y considérant que la quantité abstraite ; mais, appliquée à l'étendue, je voulois voir l'opération sur les lignes, autrement je n'y comprenois plus rien.

Après cela venoit le latin. C'étoit mon étude la plus pénible, et dans laquelle je n'ai jamais fait de grands progrès. Je me mis d'abord à la méthode latine de Port-Royal, mais sans fruit. Ces vers ostrogoths me faisoient mal au cœur, et ne pouvoient entrer dans mon oreille. Je me perdois dans ces foules de règles, et en apprenant la dernière j'oubliois tout ce qui avoit précédé. Une étude de mots n'est pas ce qu'il faut à un homme sans mémoire ; et c'étoit précisément pour forcer ma mémoire à prendre de la capacité que je m'obstinois à cette étude. Il fallut l'abandonner à la fin. J'entendois assez la construction pour pouvoir lire un auteur facile, à l'aide d'un dictionnaire. Je suivis cette route, et je m'en trouvai bien. Je m'appliquai à la traduction, non par écrit, mais mentale, et je m'en tins là. A force de temps et d'exercice, je suis parvenu à lire assez couramment les auteurs latins, mais jamais à pouvoir ni parler ni écrire dans cette langue : ce qui m'a souvent mis dans l'embarras quand je me suis trouvé, je ne sais comment, enrôlé parmi les gens de lettres. Un autre inconvénient, conséquent à cette manière d'apprendre, est que je n'ai jamais su la prosodie, encore moins les règles de la versification. Désirant pourtant de sentir l'harmonie de la langue en vers et en prose, j'ai fait bien des efforts pour y parvenir ; mais je suis convaincu que sans maître cela est presque impossible. Ayant appris la composition du plus facile de tous les vers, qui est l'hexamètre, j'eus la patience de scander presque tout Virgile, et d'y marquer les pieds et la quantité ; puis, quand j'étois en doute si une syllabe étoit longue ou brève, c'étoit mon Virgile que j'allois consulter. On sent que cela me faisoit faire bien des fautes, à cause des altérations permises par les règles de la versification. Mais, s'il y a de l'avantage à étudier seul, il y a aussi de grands inconvéniens, et surtout une peine incroyable. Je sais cela mieux que qui que ce soit.

Avant midi je quittois mes livres, et, si le dîner n'étoit pas prêt, j'allois faire visite à mes amis les pigeons, ou travailler au jardin en attendant l'heure. Quand je m'entendois appeler, j'accourois fort content et muni d'un grand appétit : car c'est encore une chose à noter que, quelque malade que je puisse être, l'appétit ne me manque jamais. Nous dînions très agréablement, en causant de nos affaires, en attendant que maman pût manger. Deux ou trois fois la semaine, quand il faisoit beau, nous allions derrière la maison prendre le café dans un cabinet frais et touffu, que j'avois garni de houblon, et qui nous faisoit grand plaisir durant la chaleur : nous passions là une petite heure à visiter nos légumes, nos fleurs, à des entretiens relatifs à notre manière de vivre, et qui nous en faisoient mieux goûter la douceur. J'avois une autre petite famille au bout du jardin : c'étoient des abeilles. Je ne manquois guère, et souvent maman avec moi, d'aller leur rendre visite ; je m'intéressois beaucoup à leur ouvrage ; je m'amusois infiniment à les voir revenir de la picorée, leurs petites cuisses quelquefois si chargées qu'elles avoient peine à marcher. Les premiers jours la curiosité me rendit indiscret, et elles me piquèrent deux ou trois fois ; mais ensuite nous fîmes si bien connoissance que quelque près que je vinsse elles me laissoient faire ; et, quelque pleines que fussent les ruches prêtes à jeter leur essaim, j'en étois quelquefois entouré, j'en avois sur les mains, sur le visage, sans qu'aucune me piquât jamais. Tous les animaux se défient de l'homme, et n'ont pas tort ; mais sont-ils sûrs une fois qu'il ne leur veut pas nuire, leur confiance devient si grande qu'il faut être plus que barbare pour en abuser.

Je retournois à mes livres ; mais mes occupations de l'après-midi devoient moins porter le nom de travail et d'étude que de récréation et d'amusement. Je n'ai jamais pu supporter l'application du cabinet après mon dîner, et en général toute peine me coûte durant la chaleur du jour. Je m'occupois pourtant, mais sans gêne et presque sans règle, à lire sans étudier. La chose que je suivois le plus exactement étoit l'histoire et la géographie ; et, comme cela ne demandoit point de contention d'esprit, j'y fis autant de progrès que le permettoit mon peu de mémoire. Je voulus étudier le P. Pétau, et je m'enfonçai dans es ténèbres de la chronologie; mais je me dégoûtai de la partie critique, qui n'a ni fond ni rive, et je m'affectionnai par préférence à l'exacte mesure des temps et à la marche des corps célestes. J'aurois même pris du goût pour l'astronomie si j'avois eu des instrumens; mais il fallut me contenter de quelques élémens pris dans des livres, et de quelques observations grossières faites avec une lunette d'approche, seulement pour connoître la situation générale du ciel : car ma vue courte ne me permet pas de distinguer, à yeux nus, assez nettement les astres. Je me rappelle à ce sujet une aventure dont le souvenir m'a souvent fait rire. J'avois acheté un planisphère céleste pour étudier les constellations. J'avois attaché ce planisphère sur un châssis; et, les nuits où le ciel étoit serein, j'allois dans le jardin poser mon châssis sur quatre piquets de ma hauteur, le planisphère tourné en dessous; et, pour l'éclairer sans que le vent soufflât ma chandelle, je la mis dans un seau à terre entre les quatre piquets; puis, regardant alternativement le planisphère avec mes yeux et les astres avec ma lunette, je m'exerçois à connoître les étoiles et à discerner les constellations. Je crois avoir dit que le jardin de M. Noiret étoit en terrasse; on voyoit du chemin tout ce qui s'y faisoit. Un soir, des paysans passant assez tard me virent, dans un grotesque équipage, occupé à mon opération. La lueur qui donnoit sur mon planisphère, et dont ils ne voyoient pas la cause, parce que la lumière étoit cachée à leurs yeux par les bords du seau, ces quatre piquets, ce grand papier barbouillé de figures, ce cadre et le jeu de ma lunette, qu'ils voyoient aller et venir, donnoient à cet objet un air de grimoire qui les effraya. Ma parure n'étoit pas propre à les rassurer : un chapeau clabaud par-dessus mon bonnet et un pet-en-l'air ouaté de maman qu'elle m'avoit obligé de mettre, offroient à leurs yeux l'image d'un vrai sorcier ; et, comme il étoit près de minuit, ils ne doutèrent point que ce ne fût le commencement du sabbat. Peu curieux d'en voir davantage, ils se sauvèrent très alarmés, éveillèrent leurs voisins pour leur conter leur vision ; et l'histoire courut si bien que, dès le lendemain, chacun sut dans le voisinage que le sabbat se tenoit chez M. Noiret. Je ne sais ce qu'eût produit enfin cette rumeur si l'un des paysans, témoin de mes conjurations, n'en eût le même jour porté sa plainte à deux jésuites qui venoient nous voir et qui, sans savoir de quoi il s'agissoit, les désabusèrent par provision. Ils nous contèrent l'histoire ; je leur en dis la cause, et nous rîmes beaucoup. Cependant il fut résolu, crainte de récidive, que j'observerois désormais sans lumière et que j'irois consulter le planisphère dans la maison. Ceux qui ont lu dans les *Lettres de la Montagne* ma magie de Venise trouveront, je m'assure, que j'avois de longue main une grande vocation pour être sorcier.

Tel étoit mon train de vie aux Charmettes quand je n'étois occupé d'aucuns soins champêtres : car ils avoient toujours la préférence, et dans ce qui n'excédoit pas mes forces je travaillois comme un paysan; mais il est vrai que mon extrême foiblesse ne me laissoit guère alors sur cet article que le mérite de la bonne volonté. D'ailleurs je voulois faire à la fois deux ouvrages, et par cette raison je n'en faisois bien aucun. Je m'étois mis dans la tête de me donner par force de la mémoire; je m'obstinois à vouloir beaucoup apprendre par cœur. Pour cela je portois toujours avec moi quelque livre, qu'avec une peine incroyable j'étudiois et repassois tout en travaillant. Je ne sais pas comment l'opiniâtreté de ces vains et continuels efforts ne m'a pas enfin rendu stupide. Il faut que j'aie appris et rappris bien vingt fois les *Églogues* de Virgile, dont je ne sais pas un seul mot. J'ai perdu ou dépareillé des multitudes de livres, par l'habitude que j'avois d'en porter partout avec moi, au colombier, au jardin, au verger, à la vigne. Occupé d'autre chose, je posois mon livre au pied d'un arbre ou sur la haie; partout j'oubliois de le reprendre, et souvent, au bout de quinze jours, je le retrouvois pourri, ou rongé des fourmis et des limaçons. Cette ardeur d'apprendre devint une manie qui me rendoit comme hébété, tout occupé que j'étois sans cesse à marmotter quelque chose entre mes dents.

Les écrits de Port-Royal et de l'Oratoire, étant ceux que je lisois le plus fréquemment, m'avoient rendu demi-janséniste, et, malgré toute ma confiance, leur dure théologie m'épouvantoit quelquefois. La terreur de l'enfer, que jusque-là j'avois très peu craint, troubloit peu à peu ma sécurité ; et, si maman ne m'eût tranquillisé l'âme, cette effrayante doctrine m'eût enfin tout à fait bouleversé. Mon confesseur, qui étoit aussi le sien, contribuoit pour sa part à me maintenir dans une bonne assiette. C'étoit le P. Hemet, jésuite, bon et sage vieillard dont la mémoire me sera toujours en vénération. Quoique jésuite, il avoit la simplicité d'un enfant ; et sa morale, moins relâchée que douce, étoit précisément ce qu'il me falloit pour balancer les tristes impressions du jansénisme. Ce bonhomme et son compagnon, le P. Coppier, venoient souvent nous voir aux Charmettes, quoique le chemin fût fort rude et assez long pour des gens de leur âge. Leurs visites me faisoient grand bien : que Dieu veuille le rendre à leurs âmes ! car ils étoient trop vieux alors pour que je les présume en vie encore aujourd'hui. J'allois aussi les voir à Chambéri ; je me familiarisois peu à peu avec leur maison ; leur bibliothèque étoit à mon service. Le souvenir de cet heureux temps se lie avec celui des jésuites au point de me faire aimer l'un par l'autre ; et, quoique leur doctrine m'ait toujours paru dangereuse, je n'ai jamais pu trouver en moi le pouvoir de les haïr sincèrement.

Je voudrois savoir s'il passe quelquefois dans les cœurs des autres hommes des puérilités pareilles à celles qui passent quelquefois dans le mien. Au milieu de mes études et d'une vie innocente autant qu'on la puisse mener, et malgré tout ce qu'on m'avoit pu dire, la peur de l'enfer m'agitoit encore souvent. Je me demandois : « En quel état suis-je? Si je mourois à l'instant même, serois-je damné? » Selon mes jansénistes la chose étoit indubitable; mais selon ma conscience il me paroissoit que non. Toujours craintif et flottant dans cette cruelle incertitude, j'avois recours, pour en sortir, aux expédiens les plus risibles, et pour lesquels je ferois volontiers enfermer un homme si je lui en voyois faire autant. Un jour, rêvant à ce triste sujet, je m'exerçois machinalement à lancer des pierres contre les troncs des arbres, et cela avec mon adresse ordinaire, c'est-à-dire sans presque en toucher aucun. Tout au milieu de ce bel exercice, je m'avisai de m'en faire une espèce de pronostic pour calmer mon inquiétude. Je me dis: « Je m'en vais jeter cette pierre contre l'arbre qui est vis-à-vis de moi : si je le touche, signe de salut; si je le manque, signe de damnation. » Tout en disant ainsi, je jette ma pierre d'une main tremblante et avec un horrible battement de cœur, mais si heureusement qu'elle va frapper au beau milieu de l'arbre; ce qui véritablement n'étoit pas difficile, car j'avois eu soin de le choisir fort gros et fort près. Depuis lors je n'ai plus douté de mon salut. Je ne sais, en me rappelant ce trait, si je dois rire ou gémir sur moi-même. Vous autres grands hommes, qui riez sûrement, félicitez-vous;

mais n'insultez pas à ma misère, car je vous jure que je la sens bien.

Au reste, ces troubles, ces alarmes, inséparables peut-être de la dévotion, n'étoient pas un état permanent. Communément j'étois assez tranquille, et l'impression que l'idée d'une mort prochaine faisoit sur mon âme étoit moins de la tristesse qu'une langueur paisible, et qui même avoit ses douceurs. Je viens de retrouver parmi de vieux papiers une espèce d'exhortation que je me faisois à moi-même, et où je me félicitois de mourir à l'âge où l'on trouve assez de courage en soi pour envisager la mort, et sans avoir éprouvé de grands maux ni de corps ni d'esprit durant ma vie. Que j'avois bien raison ! un pressentiment me faisoit craindre de vivre pour souffrir. Il sembloit que je prévoyois le sort qui m'attendoit sur mes vieux jours. Je n'ai jamais été si près de la sagesse que durant cette heureuse époque. Sans grands remords sur le passé, délivré des soucis de l'avenir, le sentiment qui dominoit constamment dans mon âme étoit de jouir du présent. Les dévots ont pour l'ordinaire une petite sensualité très vive qui leur fait savourer avec délices les plaisirs innocens qui leur sont permis. Les mondains leur en font un crime, je ne sais pourquoi ; ou plutôt je le sais bien : c'est qu'ils envient aux autres la jouissance des plaisirs simples dont eux-mêmes ont perdu le goût. Je l'avois, ce goût, et je trouvois charmant de le satisfaire en sûreté de conscience. Mon cœur, neuf encore, se livroit à tout avec un plaisir d'enfant, ou plutôt, si je l'ose dire, avec une volupté d'ange : car, en vérité, ces tranquilles jouissances ont la sérénité de celles du paradis. Des dîners faits sur l'herbe à Montagnole, des soupers faits sous le berceau, la récolte des fruits, les vendanges, les veillées à teiller avec nos gens, tout cela faisoit pour nous autant de fêtes auxquelles maman prenoit le même plaisir que moi. Des promenades plus solitaires avoient un charme plus grand encore, parce que le cœur s'épanchoit plus en liberté. Nous en fîmes une entre autres qui fait époque dans ma mémoire, un jour de Saint-Louis, dont maman portoit le nom. Nous partîmes ensemble et seuls de bon matin, après la messe qu'un carme étoit venu nous dire, à la pointe du jour, dans une chapelle attenante à la maison. J'avois proposé d'aller parcourir la côte opposée à celle où nous étions, et que nous n'avions point visitée encore. Nous avions envoyé nos provisions d'avance, car la course devoit durer tout le jour. Maman, quoiqu'un peu ronde et grasse, ne marchoit pas mal ; nous allions de colline en colline et de bois en bois, quelquefois au soleil et souvent à l'ombre, nous reposant de temps en temps et nous oubliant des heures entières ; causant de nous, de notre union, de la douceur de notre sort, et faisant pour sa durée des vœux qui ne furent pas exaucés. Tout sembloit conspirer au bonheur de cette journée. Il avoit plu depuis peu ; point de poussière et des ruisseaux bien courans ; un petit vent frais agitoit les feuilles, l'air étoit pur, l'horizon sans nuage ; la sérénité régnoit au ciel comme dans nos cœurs. Notre dîner fut fait chez un paysan et partagé avec sa famille, qui nous bénissoit de bon cœur. Ces pauvres Savoyards sont si bonnes gens ! Après le dîner nous gagnâmes l'ombre sous de grands arbres, où, tandis que j'amassois des brins de bois sec pour faire notre café, maman s'amusoit à herboriser parmi les broussailles ; et, avec les fleurs du bouquet que chemin faisant je lui avois ramassé, elle me fit remarquer dans leur structure mille choses curieuses, qui m'amusèrent beaucoup, et qui devoient me donner du goût pour la botanique ; mais le moment n'étoit pas venu, j'étois distrait par trop d'autres études. Une idée qui vint me frapper fit diversion aux fleurs et aux plantes. La situation d'âme où je me trouvois, tout ce que nous avions dit et fait ce jour-là, tous les objets qui m'avoient frappé, me rappelèrent l'espèce de rêve que tout éveillé j'avois fait à Annecy sept ou huit ans auparavant, et dont j'ai rendu compte en son lieu. Les rapports en étoient si frappants qu'en y pensant j'en fus ému jusqu'aux larmes. Dans un transport d'attendrissement j'embrassai cette chère amie. « Maman, maman, lui dis-je avec passion, ce jour m'a été promis depuis longtemps, et je ne vois rien au delà. Mon bonheur, grâce à vous, est à son comble : puisse-t-il ne pas décliner désormais ! puisse-t-il durer aussi longtemps que j'en conserverai le goût ! il ne finira qu'avec moi. »

Ainsi coulèrent mes jours heureux, et d'autant plus heureux que, n'apercevant rien qui les dût troubler, je n'envisageois en effet leur fin qu'avec la mienne. Ce n'étoit pas que la source de mes soucis fût absolument tarie ; mais je lui voyois prendre un autre cours que je dirigeois de mon mieux sur des objets utiles, afin qu'elle portât son remède avec elle. Maman aimoit naturellement la campagne, et ce goût ne s'attiédissoit pas avec moi. Peu à peu elle prit celui des soins champêtres ; elle aimoit à faire valoir les terres, et elle avoit sur cela des connoissances dont elle faisoit usage avec plaisir. Non contente de ce qui dépendoit de la maison qu'elle avoit prise, elle louoit tantôt un champ, tantôt un pré. Enfin, portant son humeur entreprenante sur des objets d'agriculture, au lieu de rester oisive dans sa maison, elle prenoit le train de devenir bientôt une grosse fermière. Je n'aimois pas trop à la voir ainsi s'étendre, et je m'y opposois tant que je pouvois, bien sûr qu'elle seroit toujours trompée, et que son humeur libérale et prodigue porteroit toujours la dépense au delà du produit ; toutefois, je me consolois en pensant que ce produit du moins ne seroit pas nul, et lui aideroit à vivre. De toutes les entreprises qu'elle pouvoit former, celle-là me paroissoit la moins ruineuse, et, sans y envisager comme elle un objet de profit, j'y envisageois une occupation continuelle qui la garantiroit des mauvaises affaires et des escrocs. Dans cette idée je désirois ardemment de recouvrer autant de force et de santé qu'il m'en falloit pour veiller à ses affaires, pour être piqueur de ses ouvriers ou son premier ouvrier; et naturellement l'exercice que cela me faisoit faire, m'arrachant souvent à mes livres et me distrayant sur mon état, devoit le rendre meilleur.

1737-1741.—L'hiver suivant, Barillot, revenant d'Italie, m'apporta quelques livres, entre autres le *Bontempi* et la *Cartella per musica* du père Banchieri, qui me donnèrent du goût pour l'histoire de la musique et pour les recherches théoriques de ce bel art. Barillot resta quelque temps avec nous; et, comme j'étois majeur depuis plusieurs mois, il fut convenu que j'irois le printemps suivant à Genève redemander le bien de ma mère, ou du moins la part qui m'en revenoit, en attendant qu'on sût ce que mon frère étoit devenu. Cela s'exécuta comme il avoit été résolu. J'allai à Genève; mon père y vint de son côté. Depuis longtemps il y revenoit sans qu'on lui cherchât querelle, quoiqu'il n'eût jamais purgé son décret; mais, comme on avoit de l'estime pour son courage et du respect pour sa probité, on feignoit d'avoir oublié son affaire, et les magistrats, occupés du grand projet qui éclata peu après, ne vouloient pas effaroucher avant le temps la bourgeoisie, en lui rappelant mal à propos leur ancienne partialité.

Je craignois qu'on ne me fît des difficultés sur mon changement de religion : l'on n'en fit aucune. Les lois de Genève sont à cet égard moins dures que celles de Berne, où quiconque change de religion perd non seulement son état, mais son bien. Le mien ne me fut donc pas disputé, mais se trouva, je ne sais comment, réduit à fort peu de chose. Quoiqu'on fût à peu près sûr que mon frère étoit mort, on n'en avoit point de preuve juridique. Je manquois de titres suffisans pour réclamer sa part, et je la laissai sans regret pour aider à vivre à mon père, qui en a joui tant qu'il a vécu. Sitôt que les formalités de justice furent faites et que j'eus reçu mon argent, j'en mis quelque partie en livres, et je volai porter le reste aux pieds de maman. Le cœur me battoit de joie durant la route, et le moment où je déposai cet argent dans ses mains me fut mille fois plus doux que celui où il entra dans les miennes. Elle le reçut avec cette simplicité des belles âmes, qui, faisant ces choses-là sans effort, les voient sans admiration. Cet argent fut employé presque tout entier à mon usage, et cela avec une égale simplicité. L'emploi en eût exactement été le même s'il lui fût venu d'autre part.

Cependant ma santé ne se rétablissoit point ; je dépérissois au contraire à vue d'œil ; j'étois pâle comme un mort et maigre comme un squelette ; mes battemens d'artères étoient terribles, mes palpitations plus fréquentes ; j'étois continuellement oppressé, et ma foiblesse enfin devint telle que j'avois peine à me mouvoir; je ne pouvois presser le pas sans étouffer, je ne pouvois me baisser sans avoir des vertiges, je ne pouvois soulever le plus léger fardeau; j'étois réduit à l'inaction la plus tourmentante pour un homme aussi remuant que moi. Il est certain qu'il se mêloit à tout cela beaucoup de vapeurs. Les vapeurs sont les maladies des gens heureux, c'étoit la mienne : les pleurs que je versois souvent sans raison de pleurer, les frayeurs vives au bruit d'une feuille ou d'un oiseau, l'inégalité d'humeur dans le calme de la plus douce vie, tout cela marquoit cet ennui du bien-être qui fait pour ainsi dire extravaguer la sensibilité. Nous sommes si peu faits pour être heureux ici-bas qu'il faut nécessairement que l'âme ou le corps souffre quand ils ne souffrent pas tous les deux, et que le bon état de l'un fait presque toujours tort à l'autre. Quand j'aurois pu jouir délicieusement de la vie, ma machine en décadence m'en empêchoit, sans qu'on pût dire où la cause du mal avoit son vrai siège. Dans la suite, malgré le déclin des ans, et des maux très réels et très graves, mon corps semble avoir repris des forces pour mieux sentir mes malheurs; et maintenant que j'écris ceci, infirme et presque sexagénaire, accablé de douleurs de toute espèce, je me sens, pour souffrir, plus de vigueur et de vie que je n'en eus pour jouir à la fleur de mon âge et dans le sein du plus vrai bonheur.

Pour m'achever, ayant fait entrer un peu de

physiologie dans mes lectures, je m'étois mis à étudier l'anatomie ; et, passant en revue la multitude et le jeu des pièces qui composoient ma machine, je m'attendois à sentir détraquer tout cela vingt fois le jour : loin d'être étonné de me trouver mourant, je l'étois que je pusse encore vivre, et je ne lisois pas la description d'une maladie que je ne crusse être la mienne. Je suis sûr que, si je n'avois pas été malade, je le serois devenu par cette fatale étude. Trouvant dans chaque maladie des symptômes de la mienne, je croyois les avoir toutes ; et j'en gagnai par-dessus une plus cruelle encore dont je m'étois cru délivré, la fantaisie de guérir : c'en est une difficile à éviter quand on se met à lire des livres de médecine. A force de chercher, de réfléchir, de comparer, j'allai m'imaginer que la base de mon mal étoit un polype au cœur ; et Salomon lui-même parut frappé de cette idée. Raisonnablement je devois partir de cette opinion pour me confirmer dans ma résolution précédente. Je ne fis point ainsi. Je tendis tous les ressorts de mon esprit pour chercher comment on pouvoit guérir d'un polype au cœur, résolu d'entreprendre cette merveilleuse cure. Dans un voyage qu'Anet avoit fait à Montpellier pour aller voir le jardin des plantes et le démonstrateur, M. Sauvages, on lui avoit dit que M. Fizes avoit guéri un pareil polype. Maman s'en souvint et m'en parla. Il n'en fallut pas davantage pour m'inspirer le désir d'aller consulter M. Fizes. L'espoir de guérir me fait retrouver du courage et des forces pour entreprendre ce voyage. L'argent venu de Genève en fournit le moyen. Maman, loin de m'en détourner, m'y exhorte; et me voilà parti pour Montpellier.

Je n'eus pas besoin d'aller si loin pour trouver le médecin qu'il me falloit. Le cheval me fatiguant trop, j'avois pris une chaise à Grenoble. A Moirans cinq ou six autres chaises arrivèrent à la file après la mienne. Pour le coup, c'étoit vraiment l'aventure des brancards. La plupart de ces chaises étoient le cortège d'une nouvelle mariée, appelée Mme du Colombier. Avec elle étoit une autre femme appelée Mme de Larnage, moins jeune et moins belle que Mme du Colombier, mais non moins aimable, et qui de Romans, où s'arrêtoit celle-ci, devoit poursuivre sa route jusqu'au bourg Saint-Andiol, près le Pont-Saint-Esprit. Avec la timidité qu'on me connoît, on s'attend que la connoissance ne fut pas sitôt faite avec des femmes brillantes et la suite qui les entouroit; mais enfin, suivant la même route, logeant dans les mêmes auberges, et, sous peine de passer pour un loup-garou, forcé de me présenter à la même table, il falloit bien que cette connoissance se fît. Elle se fit donc, et même plus tôt que je n'aurois voulu : car tout ce fracas ne convenoit guère à un malade, et surtout à un malade de mon humeur. Mais la curiosité rend ces coquines de femmes si insinuantes que pour parvenir à connoître un homme elles commencent par lui faire tourner la tête. Ainsi arriva de moi. Mme du Colombier, trop entourée de ses jeunes roquets, n'avoit guère le temps de m'agacer, et d'ailleurs ce n'en étoit pas la peine, puisque nous allions nous quitter ; mais Mme de Larnage, moins obsédée, avoit des provisions à faire pour sa route : voilà Mme de Larnage qui m'entreprend ; et adieu le pauvre Jean-Jacques, ou plutôt adieu la fièvre, les vapeurs, le polype : tout part auprès d'elle, hors certaines palpitations qui me restèrent et dont elle ne vouloit pas me guérir. Le mauvais état de ma santé fut le premier texte de notre connoissance. On voyoit que j'étois malade, on savoit que j'allois à Montpellier ; et il faut que mon air et mes manières n'annonçassent pas un débauché, car il fut clair dans la suite qu'on ne m'avoit pas soupçonné d'aller y faire un tour de casserole. Quoique l'état de maladie ne soit pas pour un homme une grande recommandation près des dames, il me rendit toutefois intéressant pour celles-ci. Le matin elles envoyoient savoir de mes nouvelles, et m'inviter à prendre le chocolat avec elles ; elles s'informoient comment j'avois passé la nuit. Une fois, selon ma louable coutume de parler sans penser, je répondis que je ne savois pas. Cette réponse leur fit croire que j'étois fou : elles m'examinèrent davantage, et cet examen ne me nuisit pas. J'entendis une fois Mme du Colombier dire à son amie : « Il manque de monde, mais il est aimable. » Ce mot me rassura beaucoup, et fit que je le devins en effet.

En se familiarisant il falloit parler de soi, dire d'où l'on venoit, qui l'on étoit. Cela m'embarrassoit : car je sentois très bien que parmi la bonne compagnie, et avec des femmes galantes, ce mot de nouveau converti m'alloit tuer. Je ne sais par quelle bizarrerie je m'avisai de passer pour Anglois ; je me donnai pour jacobite, on me prit pour tel ; je m'appelai Dudding, et l'on m'appela M. Dudding. Un maudit marquis de Torignan qui étoit là, malade ainsi que moi, vieux au pardessus et d'assez mauvaise humeur, s'avisa de lier conversation avec M. Dudding. Il me parla du roi Jacques, du prétendant, de l'ancienne cour de Saint-Germain. J'étois sur les épines : je ne savois de tout cela que le peu que j'en avois lu dans le comte Hamilton et dans les gazettes ; cependant je fis de ce peu si bon usage que je me tirai d'affaire : heureux qu'on ne se fût pas avisé de me questionner sur la langue angloise, dont je ne savois pas un seul mot.

Toute la compagnie se convenoit, et voyoit à regret le moment de se quitter. Nous faisions des journées de limaçon. Nous nous trouvâmes un dimanche à Saint-Marcellin. Mme de Larnage voulut aller à la messe, j'y fus avec elle : cela faillit à gâter mes affaires. Je me comportai comme j'ai toujours fait. Sur ma contenance modeste et recueillie elle me crut dévot, et prit de moi la plus mauvaise opinion du monde, comme elle me l'avoua deux jours après. Il me fallut ensuite beaucoup de galanterie pour effacer cette mauvaise impression; ou plutôt Mme de Larnage, en femme d'expérience et qui ne se rebutoit pas aisément, voulut bien courir les risques de ses avances pour voir comment je m'en tirerois. Elle m'en fit beaucoup, et de telles que, bien éloigné de présumer de ma figure, je crus qu'elle se moquoit de moi. Sur cette folie, il n'y eut sorte de bêtise que je ne fisse; c'étoit pis que le marquis du *Legs*. Mme de Larnage tint bon, me fit tant d'agaceries et me dit des choses si tendres qu'un homme beaucoup moins sot eût eu bien de la peine à prendre tout cela sérieusement. Plus elle en faisoit, plus elle me confirmoit dans mon idée; et ce qui me tourmentoit davantage étoit qu'à bon compte je me prenois d'amour tout de bon. Je me disois, et je lui disois en soupirant : « Ah! que tout cela n'est-il vrai! je serois le plus heureux des hommes. » Je crois que ma simplicité de novice ne fit qu'irriter sa fantaisie; elle n'en voulut pas avoir le démenti.

Nous avions laissé à Romans Mme du Colombier et sa suite. Nous continuions notre route le plus lentement et le plus agréablement du monde, Mme de Larnage, le marquis de Torignan et moi. Le marquis, quoique malade et grondeur, étoit un assez bon homme, mais qui n'aimoit pas trop à manger son pain à la fumée du rôti. Mme de Larnage cachoit si peu le goût qu'elle avoit pour moi qu'il s'en aperçut plus tôt que moi-même; et ses sarcasmes malins auroient dû me donner au moins

la confiance que je n'osois prendre aux bontés de la
dame si, par un travers d'esprit dont moi seul étois
capable, je ne m'étois imaginé qu'ils s'entendoient
pour me persifler. Cette sotte idée acheva de me
renverser la tête, et me fit faire le plus plat personnage dans une situation où mon cœur, étant réellement pris, m'en pouvoit dicter un assez brillant.
Je ne conçois pas comment Mme de Larnage ne
se rebuta pas de ma maussaderie et ne me congé-
dia pas avec le dernier mépris. Mais c'étoit une
femme d'esprit qui savoit discerner son monde, et
qui voyoit bien qu'il y avoit plus de bêtise que de
tiédeur dans mes procédés.

Elle parvint enfin à se faire entendre, et ce ne
fut pas sans peine. A Valence, nous étions arrivés
pour dîner, et, selon notre louable coutume, nous
y passâmes le reste du jour. Nous étions logés
hors de la ville, à Saint-Jacques; je me souvien-
drai toujours de cette auberge, ainsi que de la
chambre que Mme de Larnage y occupoit. Après
le dîner elle voulut se promener : elle savoit que
le marquis n'étoit pas allant; c'étoit le moyen de
se ménager un tête-à-tête dont elle avoit bien
résolu de tirer parti, car il n'y avoit plus de temps
à perdre pour en avoir à mettre à profit. Nous
nous promenions autour de la ville, le long des
fossés. Là je repris la longue histoire de mes com-
plaintes, auxquelles elle répondoit d'un ton si
tendre, me pressant quelquefois contre son cœur
le bras qu'elle tenoit, qu'il falloit une stupidité

pareille à la mienne pour m'empêcher de vérifier si elle parloit sérieusement. Ce qu'il y avoit d'impayable étoit que j'étois moi-même excessivement ému. J'ai dit qu'elle étoit aimable : l'amour la rendoit charmante; il lui rendoit tout l'éclat de la première jeunesse, et elle ménageoit ses agaceries avec tant d'art qu'elle auroit séduit un homme à l'épreuve. J'étois donc fort mal à mon aise, et toujours sur le point de m'émanciper; mais la crainte d'offenser ou de déplaire, la frayeur plus grande encore d'être hué, sifflé, berné, de fournir une histoire à table et d'être complimenté sur mes entreprises par l'impitoyable marquis, me retinrent au point d'être indigné moi-même de ma sotte honte, et de ne la pouvoir vaincre en me la reprochant. J'étois au supplice : j'avois déjà quitté mes propos de Céladon, dont je sentois tout le ridicule en si beau chemin; ne sachant plus quelle contenance tenir ni que dire, je me taisois; j'avois l'air boudeur, enfin je faisois tout ce qu'il falloit pour m'attirer le traitement que j'avois redouté. Heureusement Mme de Larnage prit un parti plus humain. Elle interrompit brusquement ce silence en passant un bras autour de mon cou, et dans l'instant sa bouche parla trop clairement sur la mienne pour me laisser mon erreur. La crise ne pouvoit se faire plus à propos. Je devins aimable. Il en étoit temps. Elle m'avoit donné cette confiance dont le défaut m'a presque toujours empêché d'être à moi. Je le fus alors. Jamais mes yeux, mes sens, mon cœur et ma bouche n'ont si bien parlé; jamais je n'ai si pleinement réparé mes torts; et, si cette petite conquête avoit coûté des soins à Mme de Larnage, j'eus lieu de croire qu'elle n'y avoit pas regret.

Quand je vivrois cent ans, je ne me rappellerois jamais sans plaisir le souvenir de cette charmante femme Je dis charmante, quoiqu'elle ne fût ni belle ni jeune; mais, n'étant non plus ni laide ni vieille, elle n'avoit rien dans sa figure qui empêchât son esprit et ses grâces de faire tout leur effet. Tout au contraire des autres femmes, ce qu'elle avoit de moins frais étoit le visage, et je crois que le rouge le lui avoit gâté. Elle avoit ses raisons pour être facile, c'étoit le moyen de valoir tout son prix. On pouvoit la voir sans l'aimer, mais non pas la posséder sans l'adorer. Et cela prouve, ce me semble, qu'elle n'étoit pas toujours aussi prodigue de ses bontés qu'elle le fut avec moi. Elle s'étoit prise d'un goût trop prompt et trop vif pour être excusable, mais où le cœur entroit du moins autant que les sens; et, durant le temps court et délicieux que je passai auprès d'elle, j'eus lieu de croire, aux ménagemens forcés qu'elle m'imposoit, que, quoique sensuelle et voluptueuse, elle aimoit encore mieux ma santé que ses plaisirs.

Notre intelligence n'échappa pas au marquis : il n'en tiroit pas moins sur moi; au contraire, il me traitoit plus que jamais en pauvre amoureux transi, martyr des rigueurs de sa dame. Il ne lui échappa jamais un mot, un sourire, un regard qui pût me faire soupçonner qu'il nous eût devinés; et je l'aurois cru notre dupe si Mme de Larnage, qui voyoit mieux que moi, ne m'eût dit qu'il ne l'étoit pas, mais qu'il étoit galant homme; et en effet on ne sauroit avoir des attentions plus honnêtes, ni se comporter plus poliment qu'il fit toujours, même envers moi, sauf ses plaisanteries, surtout depuis mon succès. Il m'en attribuoit l'honneur peut-être, et me supposoit moins sot que je ne l'avois paru. Il se trompoit, comme on a vu, mais n'importe, je profitois de son erreur; et il est vrai qu'alors, les rieurs étant pour moi, je prêtois le flanc de bon cœur et d'assez bonne grâce à ses épigrammes, et j'y ripostois quelquefois, même assez heureusement, tout fier de me faire honneur auprès de Mme de Larnage de l'esprit qu'elle m'avoit donné. Je n'étois plus le même homme.

Nous étions dans un pays et dans une saison de bonne chère; nous la faisions partout excellente, grâce aux bons soins du marquis. Je me serois pourtant passé qu'il les étendît jusqu'à nos chambres; mais il envoyoit devant son laquais pour les retenir; et le coquin, soit de son chef, soit par l'ordre de son maître, le logeoit toujours à côté de Mme de Larnage et me fourroit à l'autre bout de la maison. Mais cela ne m'embarrassoit guère, et nos rendez-vous n'en étoient que plus piquans. Cette vie délicieuse dura quatre ou cinq jours, pendant lesquels je m'enivrai des plus douces voluptés. Je les goûtai pures, vives, sans aucun mélange de peines. Ce sont les premières et les seules que j'aie ainsi goûtées ; et je puis dire que je dois à Mme de Larnage de ne pas mourir sans avoir connu le plaisir.

Si ce que je sentois pour elle n'étoit pas précisément de l'amour, c'étoit du moins un retour si tendre pour celui qu'elle me témoignoit, c'étoit une sensualité si brûlante dans le plaisir et une intimité si douce dans les entretiens, qu'elle avoit tout le charme de la passion sans en avoir le délire, qui tourne la tête et fait qu'on ne sait pas jouir. Je n'ai senti l'amour vrai qu'une seule fois en ma vie, et ce ne fut pas auprès d'elle. Je ne l'aimois pas non plus comme j'avois aimé Mme de Warens ; mais c'étoit pour cela même que je la possédois cent fois mieux. Près de maman mon plaisir étoit toujours troublé par un sentiment de tristesse, par un secret serrement de cœur que je ne surmontois pas sans peine ; au lieu de me féliciter de la posséder, je me reprochois de l'avilir. Près de Mme de Larnage, au contraire, fier d'être homme et d'être heureux, je me livrois à mes sens avec joie, avec confiance ; je partageois l'impression que je faisois sur les siens ; j'étois assez à moi pour contempler avec autant de vanité que de volupté mon triomphe, et pour tirer de là de quoi le redoubler.

Je ne me souviens pas de l'endroit où nous quitta le marquis, qui étoit du pays ; mais nous

nous trouvâmes seuls avant d'arriver à Montélimar, et dès lors Mme de Larnage établit sa femme de chambre dans ma chaise, et je passai dans la sienne avec elle. Je puis assurer que la route ne nous ennuyoit pas de cette manière, et j'aurois eu bien de la peine à dire comment le pays que nous parcourions étoit fait. A Montélimar, elle eut des affaires qui l'y retinrent trois jours, durant lesquels elle ne me quitta pourtant qu'un quart d'heure pour une visite qui lui attira des importunités désolantes et des invitations qu'elle n'eut garde d'accepter. Elle prétexta des incommodités, qui ne nous empêchèrent pourtant pas d'aller nous promener tous les jours tête à tête dans le plus beau pays et sous le plus beau ciel du monde. Oh! ces trois jours! j'ai dû les regretter quelquefois; il n'en est plus revenu de semblables.

Des amours de voyage ne sont pas faits pour durer. Il fallut nous séparer; et j'avoue qu'il en étoit temps, non que je fusse rassasié ni prêt à l'être, je m'attachois chaque jour davantage; mais, malgré toute la discrétion de la dame, il ne me restoit guère que la bonne volonté. Nous donnâmes le change à nos regrets par des projets pour notre réunion. Il fut décidé que, puisque ce régime me faisoit du bien, j'en userois, et que j'irois passer l'hiver au bourg Saint-Andiol, sous la direction de Mme de Larnage. Je devois seulement rester à Montpellier cinq ou six semaines, pour lui laisser le temps de préparer les choses de manière à prévenir les caquets. Elle me donna d'amples instructions sur ce que je devois savoir, sur ce que je devois dire, sur la manière dont je devois me comporter. En attendant, nous devions nous écrire. Elle me parla beaucoup et sérieusement du soin de ma santé; m'exhorta de consulter d'habiles gens, d'être très attentif à tout ce qu'ils me prescriroient, et se chargea, quelque sévère que pût être leur ordonnance, de me la faire exécuter tandis que je serois auprès d'elle. Je crois qu'elle parloit sincèrement, car elle m'aimoit : elle m'en donna mille preuves plus sûres que des faveurs. Elle jugea par mon équipage que je ne nageois pas dans l'opulence; quoiqu'elle ne fût pas riche elle-même, elle voulut à notre séparation me forcer de partager sa bourse, qu'elle apportoit de Grenoble assez bien garnie; et j'eus beaucoup de peine à m'en défendre. Enfin je la quittai le cœur tout plein d'elle, et lui laissant, ce me semble, un véritable attachement pour moi.

J'achevois ma route en la recommençant dans mes souvenirs, et pour le coup très content d'être dans une bonne chaise pour y rêver plus à mon aise aux plaisirs que j'avois goûtés et à ceux qui m'étoient promis. Je ne pensois qu'au bourg Saint-Andiol et à la charmante vie qui m'y attendoit; je ne voyois que Mme de Larnage et ses entours : tout le reste de l'univers n'étoit rien pour moi, maman même étoit oubliée. Je m'occupois à combiner dans ma tête tous les détails dans lesquels Mme de Larnage étoit entrée, pour me faire d'avance une idée de sa demeure, de son voisinage, de ses sociétés, de toute sa manière de vivre. Elle avoit une fille dont elle m'avoit parlé très souvent en mère idolâtre. Cette fille avoit quinze ans passés ; elle étoit vive, charmante et d'un caractère aimable. On m'avoit promis que j'en serois caressé : je n'avois pas oublié cette promesse, et j'étois fort curieux d'imaginer comment Mlle de Larnage traiteroit le bon ami de sa maman. Tels furent les sujets de mes rêveries depuis le Pont-Saint-Esprit jusqu'à Remoulin. On m'avoit dit d'aller voir le pont du Gard ; je n'y manquai pas. Après un déjeuner d'excellentes figues, je pris un guide, et j'allai voir le pont du Gard. C'étoit le premier ouvrage des Romains que j'eusse vu. Je m'attendois à voir un monument digne des mains qui l'avoient construit. Pour le coup l'objet passa mon attente, et ce fut la seule fois en ma vie. Il n'appartenoit qu'aux Romains de produire cet effet. L'aspect de ce simple et noble ouvrage me frappa d'autant plus qu'il est au milieu d'un désert où le silence et la solitude rendent l'objet plus frappant et l'admiration plus vive, car ce prétendu pont n'étoit qu'un aqueduc. On se demande quelle force a transporté ces pierres énormes si loin de toute carrière, et a réuni les bras de tant de milliers d'hommes dans un lieu où il n'en habite aucun. Je parcourus les trois étages de ce superbe édifice, que le respect m'empêchoit presque d'oser fouler sous mes pieds. Le retentissement de mes pas sous ces immenses voûtes me faisoit croire entendre la forte voix de ceux qui les avoient bâties. Je me perdois comme un insecte dans cette immensité. Je sentois, tout en me faisant petit, je ne sais quoi qui m'élevoit l'âme, et je me disois en soupirant : « Que ne suis-je né Romain ! » Je restai là plusieurs heures dans une contemplation ravissante. Je m'en revins distrait et rêveur, et cette rêverie ne fut pas favorable à Mme de Larnage. Elle avoit bien songé à me prémunir contre les filles de Montpellier, mais non pas contre le pont du Gard. On ne s'avise jamais de tout.

A Nîmes j'allai voir les Arènes : c'est un ouvrage beaucoup plus magnifique que le pont du Gard, et qui me fit beaucoup moins d'impression, soit que mon admiration se fût épuisée sur le premier objet, soit que la situation de l'autre au milieu d'une ville fût moins propre à l'exciter. Ce vaste et superbe cirque est entouré de vilaines petites maisons, et d'autres maisons plus petites et plus vilaines encore en remplissent l'arène ; de sorte que le tout ne produit qu'un effet disparate et confus, où le regret et l'indignation étouffent le plaisir et la surprise. J'ai vu depuis le cirque de Vérone, infiniment plus petit et moins beau que celui de Nîmes, mais entretenu et conservé avec toute la décence et la propreté possibles, et qui par cela même me fit une impression plus forte et plus agréable. Les François n'ont soin de rien et ne respectent aucun monument. Ils sont tout feu pour entreprendre, et ne savent rien finir ni rien entretenir.

J'étois changé à tel point, et ma sensualité mise en exercice s'étoit si bien éveillée, que je m'arrêtai un jour au pont de Lunel pour y faire bonne chère avec de la compagnie qui s'y trouva. Ce cabaret, le plus estimé de l'Europe, méritoit alors de l'être. Ceux qui le tenoient avoient su tirer parti de son heureuse situation pour le tenir abondamment approvisionné et avec choix. C'étoit réellement une chose curieuse de trouver, dans une maison seule et isolée au milieu de la campagne, une table fournie en poisson de mer et d'eau douce, en gibier excellent, en vins fins, servie avec ces attentions et ces soins qu'on ne trouve que chez les grands et les riches, et tout cela pour vos trente-cinq sous. Mais le pont de Lunel ne resta pas longtemps sur ce pied, et, à force d'user sa réputation, il la perdit enfin tout à fait.

J'avois oublié, durant ma route, que j'étois malade ; je m'en souvins en arrivant à Montpellier. Mes vapeurs étoient bien guéries, mais tous mes autres maux me restoient ; et, quoique l'habitude m'y rendît moins sensible, c'en étoit assez pour se croire mort à qui s'en trouveroit attaqué tout d'un coup. En effet, ils étoient moins douloureux qu'effrayans, et faisoient plus souffrir l'esprit que le corps, dont ils sembloient annoncer la destruction.

Cela faisoit que, distrait par des passions vives, je ne songeois plus à mon état; mais, comme il n'étoit pas imaginaire, je le sentois sitôt que j'étois de sang-froid. Je songeai donc sérieusement aux conseils de Mme de Larnage et au but de mon voyage. J'allai consulter les praticiens les plus illustres, surtout M. Fizes, et, pour surabondance de précaution, je me mis en pension chez un médecin. C'étoit un Irlandois appelé Fitz-Moris, qui tenoit une table assez nombreuse d'étudians en médecine; et il y avoit cela de commode pour un malade à s'y mettre que M. Fitz-Moris se contentoit d'une pension honnête pour la nourriture, et ne prenoit rien de ses pensionnaires pour ses soins comme médecin. Il se chargea de l'exécution des ordonnances de M. Fizes et de veiller sur ma santé. Il s'acquitta fort bien de cet emploi quant au régime : on ne gagnoit pas d'indigestions à cette pension-là; et, quoique je ne sois pas fort sensible aux privations de cette espèce, les objets de comparaison étoient si proches que je ne pouvois m'empêcher de trouver quelquefois en moi-même que M. de Torignan étoit un meilleur pourvoyeur que M. Fitz-Moris. Cependant, comme on ne mouroit pas de faim non-plus, et que toute cette jeunesse étoit fort gaie, cette manière de vivre me fit du bien réellement, et m'empêcha de retomber dans mes langueurs. Je passois la matinée à prendre des drogues, surtout je ne sais quelles eaux, je crois les eaux de Vals, et à écrire à Mme de Larnage : car la correspondance alloit son train, et Rousseau se chargeoit de retirer les lettres de son ami Dudding. A midi j'allois faire un tour à la Canourgue avec quelqu'un de nos jeunes commensaux, qui tous étoient de très bons enfans : on se rassembloit, on alloit dîner. Après dîner une importante affaire occupoit la plupart d'entre nous jusqu'au soir, c'étoit d'aller hors de la ville jouer le goûter en deux ou trois parties de mail. Je ne jouois pas, je n'en avois ni la force ni l'adresse, mais je pariois ; et, suivant avec l'intérêt du pari nos joueurs et leurs boules à travers des chemins raboteux et pleins de pierres, je faisois un exercice agréable et salutaire, qui me convenoit tout à fait. On goûtoit dans un cabaret hors de la ville. Je n'ai pas besoin de dire que ces goûters étoient gais ; mais j'ajouterai qu'ils étoient assez décens, quoique les filles du cabaret fussent jolies. M. Fitz-Moris, grand joueur de mail, étoit notre président ; et je puis dire, malgré la mauvaise réputation des étudians, que je trouvai plus de mœurs et d'honnêteté parmi toute cette jeunesse qu'il ne seroit aisé d'en trouver dans le même nombre d'hommes faits. Ils étoient plus bruyans que crapuleux, plus gais que libertins ; et je me monte si aisément à un train de vie, quand il est volontaire, que je n'aurois pas mieux demandé que de voir durer celui-là toujours. Il y avoit parmi ces étudians plusieurs Irlandois avec lesquels je tâchois d'apprendre quelques mots d'anglois par précaution pour le bourg Saint-Andiol, car le temps approchoit de m'y rendre. Mme de Larnage m'en pressoit chaque ordinaire, et je me préparois à lui obéir. Il étoit clair que mes médecins, qui n'avoient rien compris à mon mal, me regardoient comme un malade imaginaire, et me traitoient sur ce pied avec leur squine, leurs eaux et leur petit-lait. Tout au contraire des théologiens, les médecins et les philosophes n'admettent pour vrai que ce qu'ils peuvent expliquer, et font de leur intelligence la mesure des possibles. Ces messieurs ne connoissoient rien à mon mal, donc je n'étois pas malade : car comment supposer que des docteurs ne sussent pas tout? Je vis qu'ils ne cherchoient qu'à m'amuser et me faire manger mon argent, et, jugeant que leur substitut du bourg Saint-Andiol feroit cela tout aussi bien qu'eux, mais plus agréablement, je résolus de lui donner la préférence, et je quittai Montpellier dans cette sage intention.

Je partis vers la fin de novembre, après six semaines ou deux mois de séjour dans cette ville, où je laissai une douzaine de louis sans aucun profit pour ma santé ni pour mon instruction, si ce n'est un cours d'anatomie commencé sous M. Fitz-Moris, et que je fus obligé d'abandonner par l'horrible puanteur des cadavres qu'on disséquoit et qu'il me fut impossible de supporter.

Mal à mon aise au dedans de moi sur la résolution que j'avois prise, j'y réfléchissois en m'avançant toujours vers le Pont-Saint-Esprit, qui étoit également la route du bourg Saint-Andiol et de Chambéri. Les souvenirs de maman, et ses lettres, quoique moins fréquentes que celles de Mme de Larnage, réveilloient dans mon cœur des remords que j'avois étouffés durant ma première route. Ils devinrent si vifs au retour que, balançant l'amour du plaisir, ils me mirent en état d'écouter la raison seule. D'abord, dans le rôle d'aventurier que j'allois recommencer, je pouvois être moins heureux que la première fois ; il ne falloit, dans tout le bourg Saint-Andiol, qu'une seule personne qui eût été en Angleterre, qui connût les Anglois ou qui sût leur langue, pour me démasquer. La famille de Mme de Larnage pouvoit se prendre de mauvaise humeur contre moi, et me traiter peu honnêtement. Sa fille, à laquelle malgré moi je pensois plus qu'il n'eût fallu, m'inquiétoit encore : je tremblois d'en devenir amoureux, et cette peur faisoit déjà la moitié de l'ouvrage. Allois-je donc, pour prix des bontés de la mère, chercher à corrompre sa fille, à lier le plus détestable commerce, à mettre la dissension, le déshonneur, le scandale et l'enfer dans sa maison ? Cette idée me fit horreur : je pris bien la ferme résolution de me combattre et de me vaincre, si ce malheureux penchant venoit à se déclarer. Mais pourquoi m'exposer à ce combat ? Quel misérable état de vivre avec la mère, dont je serois rassasié, et de brûler pour la fille sans oser lui montrer mon cœur! Quelle nécessité d'aller chercher cet état, et m'exposer aux malheurs, aux affronts, aux remords, pour des plaisirs dont j'avois d'avance épuisé le plus grand charme? car il est certain que ma fantaisie avoit perdu sa première vivacité. Le goût du plaisir y étoit encore, mais la passion n'y étoit plus. A cela se mêloient des réflexions relatives à ma situation, à mes devoirs, à cette maman si bonne, si généreuse, qui, déjà chargée de dettes, l'étoit encore de mes folles dépenses, qui s'épuisoit pour moi, et que je trompois si indignement. Ce reproche devint si vif qu'il l'emporta à la fin. En approchant de Saint-Esprit, je pris la résolution de brûler l'étape du bourg Saint-Andiol et de passer tout droit. Je l'exécutai courageusement, avec quelques soupirs, je l'avoue, mais aussi avec cette satisfaction intérieure, que je goûtois pour la première fois de ma vie, de me dire : « Je mérite ma propre estime, je sais préférer mon devoir à mon plaisir. » Voilà la première obligation véritable que j'aie à l'étude : c'étoit elle qui m'avoit appris à réfléchir, à comparer. Après les principes si purs que j'avois adoptés il y avoit peu de temps, après les règles de sagesse et de vertu que je m'étois faites et que je m'étois senti si fier de suivre, la honte d'être si peu conséquent à moi-même, de démentir sitôt et si haut mes propres maximes, l'emporta sur la volupté. L'orgueil eut peut-être autant de part à ma résolution que la vertu ; mais, si cet orgueil n'est pas la vertu même, il a des effets si semblables qu'il est pardonnable de s'y tromper.

L'un des avantages des bonnes actions est d'élever l'âme, et de la disposer à en faire de meilleures : car telle est la foiblesse humaine, qu'on doit mettre au nombre des bonnes actions l'abstinence du mal qu'on est tenté de commettre. Sitôt que j'eus pris ma résolution je devins un autre homme, ou plutôt je redevins celui que j'étois auparavant, et que ce moment d'ivresse avoit fait disparoître. Plein de bons sentimens et de bonnes résolutions, je continuai ma route dans la bonne intention d'expier ma faute, ne pensant qu'à régler désormais ma conduite sur les lois de la vertu, à me consacrer sans réserve au service de la meilleure des mères, à lui vouer autant de fidélité que j'avois d'attachement pour elle, et à n'écouter plus d'autre amour que celui de mes devoirs. Hélas! la sincérité de mon retour au bien sembloit me promettre une autre destinée; mais la mienne étoit écrite et déjà commencée; et, quand mon cœur, plein d'amour pour les choses bonnes et honnêtes, ne voyoit plus qu'innocence et bonheur dans la vie, je touchois au moment funeste qui devoit traîner à sa suite la longue chaîne de mes malheurs.

L'empressement d'arriver me fit faire plus de diligence que je n'avois compté. Je lui avois annoncé de Valence le jour et l'heure de mon arrivée. Ayant gagné une demi-journée sur mon calcul, je restai autant de temps à Chaparillan, afin d'arriver juste au moment que j'avois marqué. Je voulois goûter dans tout son charme le plaisir de la revoir. J'aimois mieux le différer un peu, pour y joindre celui d'être attendu. Cette précaution m'avoit toujours réussi. J'avois vu toujours marquer mon arrivée par une espèce de petite fête : je n'en attendois pas moins cette fois ; et ces empressemens, qui m'étoient si sensibles, valoient bien la peine d'être ménagés.

J'arrivai donc exactement à l'heure. De tout loin je regardois si je ne la verrois point sur le chemin ; le cœur me battoit de plus en plus à mesure que j'approchois. J'arrive essoufflé, car j'avois quitté ma voiture en ville ; je ne vois personne dans la cour, sur la porte, à la fenêtre : je commence à me troubler, je redoute quelque accident. J'entre ; tout est tranquille ; des ouvriers goûtoient dans la cuisine : du reste, aucun apprêt. La servante parut surprise de me voir ; elle ignoroit que je dusse arriver. Je monte, je la vois enfin cette chère maman, si tendrement, si vivement, si purement aimée ; j'accours, je m'élance à ses pieds. « Ah ! te voilà, petit, me dit-elle en m'embrassant ; as-tu fait bon voyage ? comment te portes-tu ? » Cet accueil m'interdit un peu. Je lui demandai si elle n'avoit pas reçu ma lettre. Elle me dit que oui. « J'aurois cru que non, » lui dis-je, et l'éclaircissement finit là. Un jeune homme étoit avec elle. Je le connoissois pour l'avoir vu déjà dans la maison avant mon départ; mais cette fois il y paroissoit établi, il l'étoit. Bref, je trouvai ma place prise.

Ce jeune homme étoit du pays de Vaud; son père, appelé Vintzenried, étoit concierge ou soi-disant capitaine du château de Chillon. Le fils de monsieur le capitaine étoit garçon perruquier, et couroit le monde en cette qualité quand il vint se présenter à Mme de Warens, qui le reçut bien, comme elle faisoit tous les passans, et surtout ceux de son pays. C'étoit un grand fade blondin, assez bien fait, le visage plat, l'esprit de même, parlant comme le beau Liandre; mêlant tous les tons, tous les goûts de son état avec la longue histoire de ses bonnes fortunes; ne nommant que la moitié des marquises avec lesquelles il avoit couché, et prétendant n'avoir point coiffé de jolies femmes dont il n'eût aussi coiffé les maris; vain, sot, ignorant, insolent; au demeurant le meilleur fils du monde. Tel fut le substitut qui me fut donné durant mon absence, et l'associé qui me fut offert après mon retour.

Oh! si les âmes dégagées de leurs terrestres entraves voient encore du sein de l'éternelle lumière ce qui se passe chez les mortels, pardonnez, ombre chère et respectable, si je ne fais pas plus de grâce à vos fautes qu'aux miennes, si je dévoile également les unes et les autres aux yeux des lecteurs. Je dois, je veux être vrai pour vous comme pour moi-même : vous y perdrez toujours beaucoup

moins que moi. Eh! combien votre aimable et
doux caractère, votre inépuisable bonté de cœur,
votre franchise et toutes vos excellentes vertus ne
rachètent-elles pas de foiblesses, si l'on peut appeler ainsi les torts de votre seule raison! Vous
eûtes des erreurs, et non pas des vices; votre conduite fut répréhensible, mais votre cœur fut toujours pur.

Le nouveau venu s'étoit montré zélé, diligent,
exact pour toutes ses petites commissions, qui
étoient toujours en grand nombre; il s'étoit fait le
piqueur de ses ouvriers. Aussi bruyant que je l'étois peu, il se faisoit voir et surtout entendre à la
fois à la charrue, aux foins, aux bois, à l'écurie, à
la basse-cour. Il n'y avoit que le jardin qu'il négligeoit, parce que c'étoit un travail trop paisible
et qui ne faisoit point de bruit. Son grand plaisir
étoit de charger et charrier, de scier ou fendre du
bois; on le voyoit toujours la hache ou la pioche
à la main; on l'entendoit courir, cogner, crier à
pleine tête. Je ne sais de combien d'hommes il
faisoit le travail, mais il faisoit toujours le bruit
de dix ou douze. Tout ce tintamarre en imposa à
ma pauvre maman; elle crut ce jeune homme un
trésor pour ses affaires. Voulant se l'attacher, elle
employa pour cela tous les moyens qu'elle y crut
propres, et n'oublia pas celui sur lequel elle comptoit le plus.

On a dû connoître mon cœur, ses sentimens les
plus constans, les plus vrais, ceux surtout qui me

ramenoient en ce moment auprès d'elle. Quel prompt et plein bouleversement dans tout mon être ! Qu'on se mette à ma place pour en juger. En un moment je vis évanouir pour jamais tout l'avenir de félicité que je m'étois peint. Toutes les douces idées que je caressois si affectueusement disparurent ; et moi, qui depuis mon enfance ne savois voir mon existence qu'avec la sienne, je me vis seul pour la première fois. Ce moment fut affreux ; ceux qui le suivirent furent toujours sombres. J'étois jeune encore, mais ce doux sentiment de jouissance et d'espérance qui vivifie la jeunesse me quitta pour jamais. Dès lors, l'être sensible fut mort à demi. Je ne vis plus devant moi que les tristes restes d'une vie insipide ; et, si quelquefois encore une image de bonheur effleura mes désirs, ce bonheur n'étoit plus celui qui m'étoit propre ; je sentois qu'en l'obtenant je ne serois pas vraiment heureux.

J'étois si bête et ma confiance étoit si pleine que, malgré le ton familier du nouveau venu, que je regardois comme un effet de cette facilité d'humeur de maman, qui rapprochoit tout le monde d'elle, je ne me serois pas avisé d'en soupçonner la véritable cause si elle ne me l'eût dite elle-même ; mais elle se pressa de me faire cet aveu avec une franchise capable d'ajouter à ma rage, si mon cœur eût pu se tourner de ce côté-là ; trouvant quant à elle la chose toute simple, me reprochant ma négligence dans la maison, et m'alléguant mes fréquentes absences, comme si elle eût été d'un tempérament fort pressé d'en remplir les vides. « Ah! maman, lui dis-je le cœur serré de douleur, qu'osez-vous m'apprendre! quel prix d'un attachement pareil au mien! Ne m'avez-vous tant de fois conservé la vie que pour m'ôter tout ce qui me la rendoit chère? J'en mourrai, mais vous me regretterez. » Elle me répondit, d'un ton tranquille à me rendre fou, que j'étois un enfant, qu'on ne mouroit point de ces choses-là; que je ne perdrois rien; que nous n'en serions pas moins bons amis, pas moins intimes dans tous les sens; que son tendre attachement pour moi ne pouvoit ni diminuer ni finir qu'avec elle. Elle me fit entendre, en un mot, que tous mes droits demeuroient les mêmes, et qu'en les partageant avec un autre je n'en étois pas privé pour cela.

Jamais la pureté, la vérité, la force de mes sentimens pour elle, jamais la sincérité, l'honnêteté de mon âme, ne se firent mieux sentir à moi que dans ce moment. Je me précipitai à ses pieds, j'embrassai ses genoux en versant des torrens de larmes. « Non, maman, lui dis-je avec transport; je vous aime trop pour vous avilir; votre possession m'est trop chère pour la partager; les regrets qui l'accompagnèrent quand je l'acquis se sont accrus avec mon amour; non, je ne la puis conserver au même prix. Vous aurez toujours mes adorations, soyez-en toujours digne; il m'est plus nécessaire encore de vous honorer que de vous posséder. C'est à vous, ô maman, que je vous cède ; c'est à l'union de nos cœurs que je sacrifie tous mes plaisirs. Puissé-je périr mille fois avant d'en goûter qui dégradent ce que j'aime ! »

Je tins cette résolution avec une constance digne, j'ose le dire, du sentiment qui me l'avoit fait former. Dès ce moment je ne vis plus cette maman si chérie que des yeux d'un véritable fils ; et il est à noter que, bien que ma résolution n'eût point son approbation secrète, comme je m'en suis trop aperçu, elle n'employa jamais pour m'y faire renoncer ni propos insinuans, ni caresses, ni aucune de ces adroites agaceries dont les femmes savent user sans se commettre, et qui manquent rarement de leur réussir. Réduit à me chercher un sort indépendant d'elle, et n'en pouvant même imaginer, je passai bientôt à l'autre extrémité, et le cherchai tout en elle. Je l'y cherchai si parfaitement que je parvins presque à m'oublier moi-même. L'ardent désir de la voir heureuse, à quelque prix que ce fût, absorboit toutes mes affections : elle avoit beau séparer son bonheur du mien, je le voyois mien, en dépit d'elle.

Ainsi commencèrent à germer avec mes malheurs les vertus dont la semence étoit au fond de mon âme, que l'étude avoit cultivées, et qui n'attendoient pour éclore que le ferment de l'adversité. Le premier fruit de cette disposition si désintéressée fut d'écarter de mon cœur tout sentiment de haine et d'envie contre celui qui m'avoit supplanté ; je voulus, au contraire, et je voulus sincèrement m'attacher à ce jeune homme, le former, travailler à son éducation, lui faire sentir son bonheur, l'en rendre digne s'il étoit possible, et faire en un mot pour lui tout ce qu'Anet avoit fait pour moi dans une occasion pareille. Mais la parité manquoit entre les personnes. Avec plus de douceur et de lumières, je n'avois pas le sang-froid et la fermeté d'Anet, ni cette force de caractère qui en imposoit et dont j'aurois eu besoin pour réussir. Je trouvai encore moins dans le jeune homme les qualités qu'Anet avoit trouvées en moi : la docilité, l'attachement, la reconnoissance, surtout le sentiment du besoin que j'avois de ses soins, et l'ardent désir de les rendre utiles. Tout cela manquoit ici. Celui que je voulois former ne voyoit en moi qu'un pédant importun qui n'avoit que du babil. Au contraire, il s'admiroit lui-même comme un homme important dans la maison; et, mesurant les services qu'il y croyoit rendre sur le bruit qu'il y faisoit, il regardoit ses haches et ses pioches comme infiniment plus utiles que tous mes bouquins. A quelque égard il n'avoit pas tort, mais il partoit de là pour se donner des airs à faire mourir de rire. Il tranchoit avec les paysans du gentilhomme campagnard; bientôt il en fit autant avec moi, et enfin avec maman elle-même. Son nom de Vintzenried ne lui paroissant pas assez noble, il le quitta pour celui de M. de Courtilles; et c'est sous ce dernier nom qu'il a été connu depuis à

Chambéri et en Maurienne, où il s'est marié.

Enfin tant fit l'illustre personnage qu'il fut tout dans la maison, et moi rien. Comme, lorsque j'avois le malheur de lui déplaire, c'étoit maman et non pas moi qu'il grondoit, la crainte de l'exposer à ses brutalités me rendoit docile à tout ce qu'il désiroit ; et chaque fois qu'il fendoit du bois, emploi qu'il remplissoit avec une fierté sans égale, il falloit que je fusse là spectateur oisif et tranquille admirateur de sa prouesse. Ce garçon n'étoit pourtant pas absolument d'un mauvais naturel : il aimoit maman, parce qu'il étoit impossible de ne la pas aimer ; il n'avoit même pas pour moi de l'aversion ; et, quand les intervalles de ses fougues permettoient de lui parler, il nous écoutoit quelquefois assez docilement, convenant franchement qu'il n'étoit qu'un sot ; après quoi il n'en faisoit pas moins de nouvelles sottises. Il avoit d'ailleurs une intelligence si bornée et des goûts si bas qu'il étoit difficile de lui parler raison, et presque impossible de se plaire avec lui. A la possession d'une femme pleine de charmes, il ajouta le ragoût d'une femme de chambre vieille, rousse, édentée, dont maman avoit la patience d'endurer le dégoûtant service, quoiqu'elle lui fît mal au cœur. Je m'aperçus de ce nouveau manége, et j'en fus outré d'indignation ; mais je m'aperçus d'une autre chose qui m'affecta bien plus vivement encore, et qui me jeta dans un plus profond découragement que tout ce qui s'étoit passé jusqu'alors : ce fut le refroidissement de maman envers moi.

La privation que je m'étois imposée et qu'elle avoit fait semblant d'approuver est une de ces choses que les femmes ne pardonnent point, quelque mine qu'elles fassent, moins par la privation qui en résulte pour elles-mêmes que par l'indifférence qu'elles y voient pour leur possession. Prenez la femme la plus sensée, la plus philosophe, la moins attachée à ses sens; le crime le plus irrémissible que l'homme dont au reste elle se soucie le moins puisse commettre envers elle est d'en pouvoir jouir et de n'en rien faire. Il faut bien que ceci soit sans exception, puisqu'une sympathie si naturelle et si forte fut altérée en elle par une abstinence qui n'avoit que des motifs de vertu, d'attachement et d'estime. Dès lors je cessai de trouver en elle cette intimité des cœurs qui fit toujours la plus douce jouissance du mien. Elle ne s'épanchoit plus avec moi que quand elle avoit à se plaindre du nouveau venu; quand ils étoient bien ensemble, j'entrois peu dans ses confidences. Enfin elle prenoit peu à peu une manière d'être dont je ne faisois plus partie. Ma présence lui faisoit plaisir encore, mais elle ne lui faisoit plus besoin, et j'aurois passé des jours entiers sans la voir, qu'elle ne s'en seroit pas aperçue.

Insensiblement je me sentis isolé et seul dans cette même maison dont auparavant j'étois l'âme, et où je vivois pour ainsi dire à double. Je m'accoutumai peu à peu à me séparer de tout ce qui s'y faisoit, de ceux mêmes qui l'habitoient; et, pour m'épargner de continuels déchiremens, je m'enfermois avec mes livres, ou bien j'allois soupirer et pleurer à mon aise au milieu des bois. Cette vie me devint bientôt tout à fait insupportable. Je sentis que la présence personnelle et l'éloignement de cœur d'une femme qui m'étoit si chère irritoient ma douleur, et qu'en cessant de la voir je m'en sentirois moins cruellement séparé. Je formai le projet de quitter sa maison, je le lui dis; et, loin de s'y opposer, elle le favorisa. Elle avoit à Grenoble une amie appelée Mme Deybens, dont le mari étoit ami de M. de Mably, grand prévôt à Lyon. M. Deybens me proposa l'éducation des enfans de M. de Mably : j'acceptai, et je partis pour Lyon sans laisser ni presque sentir le moindre regret d'une séparation dont auparavant la seule idée nous eût donné les angoisses de la mort.

J'avois à peu près les connoissances nécessaires pour un précepteur, et j'en croyois avoir le talent. Durant un an que je passai chez M. de Mably, j'eus le temps de me désabuser. La douceur de mon naturel m'eût rendu propre à ce métier, si l'emportement n'y eût mêlé ses orages. Tant que tout alloit bien et que je voyois réussir mes soins et mes peines, qu'alors je n'épargnois point, j'étois un ange; j'étois un diable quand les choses alloient de travers. Quand mes élèves ne m'entendoient pas, j'extravaguois; et quand ils marquoient de la méchanceté, je les aurois tués : ce n'étoit pas le moyen de les rendre savans et sages. J'en avois deux, ils étoient d'humeurs très différentes. L'un, de huit à neuf ans, appelé Sainte-Marie, étoit d'une jolie figure, l'esprit assez ouvert, assez vif, étourdi, badin, malin, mais d'une malignité gaie. Le cadet, appelé Condillac, paroissoit presque stupide, musard, têtu comme une mule, et ne pouvoit rien apprendre. On peut juger qu'entre ces deux sujets je n'avois pas besogne faite. Avec de la patience et du sang-froid, peut-être aurois-je pu réussir; mais, faute de l'une et de l'autre, je ne fis rien qui vaille, et mes élèves tournoient très mal. Je ne manquois pas d'assiduité, mais je manquois d'égalité, surtout de prudence. Je ne savois employer auprès d'eux que trois instrumens, toujours inutiles et souvent pernicieux auprès des enfans : le sentiment, le raisonnement, la colère. Tantôt je m'attendrissois avec Sainte-Marie jusqu'à pleurer; je voulois l'attendrir lui-même, comme si l'enfant étoit susceptible d'une véritable émotion de cœur; tantôt je m'épuisois à lui parler raison, comme s'il avoit pu m'entendre; et, comme il me faisoit quelquefois des argumens très subtils, je le prenois tout de bon pour raisonnable, parce qu'il étoit raisonneur. Le petit Condillac étoit encore plus embarrassant, parce que, n'entendant rien, ne répondant rien, ne s'émouvant de rien, et d'une opiniâtreté à toute épreuve, il ne triomphoit jamais mieux de moi que quand il m'avoit mis en fureur;

alors c'étoit lui qui étoit le sage, et c'étoit moi qui étois l'enfant. Je voyois toutes mes fautes, je les sentois ; j'étudiois l'esprit de mes élèves, je les pénétrois très bien, et je ne crois pas que jamais une seule fois j'aie été la dupe de leurs ruses. Mais que me servoit de voir le mal sans savoir appliquer le remède ? En pénétrant tout je n'empêchois rien, je ne réussissois à rien, et tout ce que je faisois étoit précisément ce qu'il ne falloit pas faire.

Je ne réussissois guère mieux pour moi que pour mes élèves. J'avois été recommandé par Mme Deybens à Mme de Mably. Elle l'avoit priée de former mes manières et de me donner le ton du monde. Elle y prit quelques soins, et voulut que j'apprisse à faire les honneurs de sa maison ; mais je m'y pris si gauchement, j'étois si honteux, si sot, qu'elle se rebuta et me planta là. Cela ne m'empêcha pas de devenir, selon ma coutume, amoureux d'elle. J'en fis assez pour qu'elle s'en aperçût, mais je n'osai jamais me déclarer. Elle ne se trouva pas d'humeur à faire les avances, et j'en fus pour mes lorgneries et mes soupirs, dont même je m'ennuyai bientôt, voyant qu'ils n'aboutissaient à rien.

J'avois tout à fait perdu chez maman le goût des petites friponneries, parce que, tout étant à moi, je n'avois rien à voler. D'ailleurs les principes élevés que je m'étois faits devoient me rendre désormais bien supérieur à de telles bassesses, et il est certain que depuis lors je l'ai d'ordinaire été ; mais c'est moins pour avoir appris à vaincre mes tentations que pour en avoir coupé la racine ; et j'aurois grand'peur de voler comme dans mon enfance, si j'étois sujet aux mêmes désirs. J'eus la preuve de cela chez M. de Mably. Environné de petites choses volables que je ne regardois même pas, je m'avisai de convoiter un certain petit vin blanc d'Arbois très joli, dont quelques verres que par-ci par-là je buvois à table m'avoient fort affriandé. Il étoit un peu louche ; je croyois savoir bien coller le vin, je m'en vantai ; on me confia celui-là : je le collai et le gâtai, mais aux yeux seulement ; il resta toujours agréable à boire, et l'occasion fit que je m'en accommodai de temps en temps de quelques bouteilles pour boire à mon aise en mon petit particulier. Malheureusement je n'ai jamais pu boire sans manger. Comment faire pour avoir du pain ? Il m'étoit impossible d'en mettre en réserve. En faire acheter par les laquais, c'étoit me déceler, et presque insulter le maître de la maison. En acheter moi-même, je n'osai jamais. Un beau monsieur, l'épée au côté, aller chez un boulanger acheter un morceau de pain, cela se pouvoit-il ? Enfin je me rappelai le pis-aller d'une grande princesse à qui l'on disoit que les paysans n'avoient pas de pain, et qui répondit : « Qu'ils mangent de la brioche. » Encore que de façons pour en venir là ! Sorti seul à ce dessein, je parcourois quelquefois toute la ville, et passois devant trente pâtissiers avant d'entrer chez aucun. Il falloit qu'il n'y eût qu'une seule personne dans la boutique, et que sa physionomie m'attirât beaucoup, pour que j'osasse franchir le pas. Mais aussi, quand j'avois une fois ma chère petite brioche et que, bien enfermé dans ma chambre, j'allois trouver ma bouteille au fond d'une armoire, quelles bonnes petites buvettes je faisois là tout seul, en lisant quelques pages de roman ! Car lire en mangeant fut toujours ma fantaisie, au défaut d'un tête-à-tête : c'est le supplément de la société qui me manque. Je dévore alternativement une page et un morceau ; c'est comme si mon livre dînoit avec moi.

Je n'ai jamais été dissolu ni crapuleux, et ne me suis enivré de ma vie. Ainsi mes petits vols n'étoient pas fort indiscrets ; cependant ils se découvrirent ; les bouteilles me décelèrent. On ne m'en fit pas semblant, mais je n'eus plus la direction de la cave. En tout cela M. de Mably se conduisit honnêtement et prudemment. C'étoit un très galant homme, qui, sous son air aussi dur que son emploi, avoit une véritable douceur de caractère et une rare bonté de cœur. Il étoit judicieux, équitable, et, ce qu'on n'attendroit pas d'un officier de maréchaussée, même très humain. En sentant son indulgence, je lui en devins plus attaché, et cela me fit prolonger mon séjour dans sa maison plus que je n'aurois fait sans cela. Mais enfin, dégoûté d'un métier auquel je n'étois pas propre et d'une situation très gênante, qui n'avoit rien d'agréable pour moi, après un an d'essai, durant lequel je n'épargnai point mes soins, je me déterminai à quitter mes disciples, bien convaincu que je ne parviendrois jamais à les bien élever. M. de Mably lui-même voyoit cela tout aussi bien que moi. Cependant je crois qu'il n'eût jamais pris sur lui de me renvoyer si je ne lui en eusse épargné la peine, et cet excès de condescendance en pareil cas n'est assurément pas ce que j'approuve.

Ce qui me rendoit mon état plus insupportable étoit la comparaison continuelle que j'en faisois avec celui que j'avois quitté ; c'étoit le souvenir de mes chères Charmettes, de mon jardin, de mes arbres, de ma fontaine, de mon verger, et surtout de celle pour qui j'étois né, qui donnoit de l'âme à tout cela. En repensant à elle, à nos plaisirs, à notre innocente vie, il me prenoit des serremens de cœur, des étouffemens qui m'ôtoient le courage de rien faire. Cent fois j'ai été violemment tenté de partir à l'instant et à pied pour retourner auprès d'elle ; pourvu que je la revisse encore une fois, j'aurois été content de mourir à l'instant même. Enfin je ne pus résister à ces souvenirs si tendres, qui me rappeloient auprès d'elle à quelque prix que ce fût. Je me disois que je n'avois pas été assez patient, assez complaisant, assez caressant ; que je pouvois encore vivre heureux dans une amitié très douce, en y mettant du mien plus que je n'avois fait. Je forme les plus beaux projets du monde, je brûle de les exécuter. Je quitte tout, je renonce à tout, je pars, je vole, j'arrive dans tous les mêmes transports de ma première jeunesse, et je me retrouve à ses pieds. Ah! j'y serois mort de joie si j'avois retrouvé dans son accueil, dans ses caresses, dans son cœur enfin, le quart de ce que j'y retrouvois autrefois et que j'y reportois encore.

Affreuse illusion des choses humaines! Elle me reçut toujours avec son excellent cœur, qui ne pouvoit mourir qu'avec elle; mais je venois rechercher le passé qui n'étoit plus, et qui ne pouvoit renaître. A peine eus-je resté demi-heure avec elle que je sentis mon ancien bonheur mort pour toujours. Je me retrouvai dans la même situation désolante que j'avois été forcé de fuir, et cela sans que je pusse dire qu'il y eût de la faute de personne : car au fond Courtilles n'étoit pas mauvais, et parut me revoir avec plus de plaisir que de chagrin. Mais comment me souffrir surnuméraire près de celle pour qui j'avois été tout, et qui ne pouvoit cesser d'être tout pour moi? Comment vivre étranger dans la maison dont j'étois l'enfant? L'aspect des objets témoins de mon bonheur passé me rendoit la comparaison plus cruelle. J'aurois moins souffert dans une autre habitation. Mais me voir rappeler incessamment tant de doux souvenirs, c'étoit irriter le sentiment de mes pertes. Consumé de vains regrets, livré à la plus noire mélancolie, je repris le train de rester seul hors les heures des repas. Enfermé avec mes livres, j'y cherchois des distractions utiles; et, sentant le péril imminent que j'avois tant craint autrefois, je me tourmentois derechef à chercher en moi-même les moyens d'y pourvoir quand maman n'auroit plus de ressource. J'avois mis les choses dans sa maison sur le pied d'aller sans empirer; mais depuis moi tout étoit changé. Son économe étoit un dissipateur. Il vouloit briller : bon cheval, bon équipage; il aimoit à s'étaler noblement aux yeux des voisins; il faisoit des entreprises continuelles en choses où il n'entendoit rien. La pension se mangeoit d'avance, les quartiers en étoient engagés, les loyers étoient arriérés, et les dettes alloient leur train. Je prévoyois que cette pension ne tarderoit pas d'être saisie, et peut-être supprimée. Enfin je n'envisageois que ruine et désastre; et le moment m'en sembloit si proche que j'en sentois d'avance toutes les horreurs.

Mon cher cabinet étoit ma seule distraction. A force d'y chercher des remèdes contre le trouble de mon âme, je m'avisai d'y en chercher contre les maux que je prévoyois; et, revenant à mes anciennes idées, me voilà bâtissant de nouveaux châteaux en Espagne pour tirer cette pauvre maman des extrémités cruelles où je la voyois prête à tomber. Je ne me sentois pas assez savant et ne me croyois pas assez d'esprit pour briller dans la république des lettres et faire une fortune par cette voie. Une nouvelle idée qui se présenta m'inspira la confiance que la médiocrité de mes talens ne pouvoit me donner. Je n'avois pas abandonné la musique en cessant de l'enseigner; au contraire, j'en avois assez étudié la théorie pour pouvoir me regarder au moins comme savant dans cette partie. En réfléchissant à la peine que j'avois eue d'apprendre à déchiffrer la note, et à celle que j'avois encore à chanter à livre ouvert, je vins à penser que cette difficulté pouvoit bien venir de la chose autant que de moi, sachant surtout qu'en général apprendre la musique n'étoit pour personne une chose aisée. En examinant la constitution des signes, je les trouvois souvent fort mal inventés. Il y avoit longtemps que j'avois pensé à noter l'échelle par chiffres, pour éviter d'avoir toujours à tracer des lignes et portées lorsqu'il falloit noter le moindre petit air. J'avois été arrêté par les difficultés des octaves et par celles de la mesure et des valeurs. Cette ancienne idée me revint dans l'esprit, et je vis, en y repensant, que ces difficultés n'étoient pas insurmontables. J'y rêvai avec succès, et je parvins à noter quelque musique que ce fût par mes chiffres avec la plus grande simplicité. Dès ce moment je crus ma fortune faite; et, dans l'ardeur de la partager avec celle à qui je devois tout, je ne songeai qu'à partir pour Paris, ne doutant pas qu'en présentant mon projet à l'Académie je ne fisse une révolution. J'avois rapporté de Lyon quelque argent; je vendis mes livres. En quinze jours ma résolution fut prise et exécutée. Enfin, plein des idées magnifiques qui me l'avoient inspirée, et toujours le même dans tous les temps, je partis de Savoie avec mon système de musique, comme autrefois j'étois parti de Turin avec ma fontaine de héron.

Telles ont été les erreurs et les fautes de ma eunesse. J'en ai narré l'histoire avec une fidélité dont mon cœur est content. Si dans la suite j'honorai mon âge mûr de quelques vertus, je les aurois dites avec la même franchise, et c'étoit mon dessein ; mais il faut m'arrêter ici. Le temps peut lever bien des voiles. Si ma mémoire parvient à la postérité, peut-être un jour elle apprendra ce que j'avois à dire. Alors on saura pourquoi je me tais.

NOTES ET VARIANTES

Page 5, ligne 12. Var. : « Ce n'est pas du tout la vanité, c'est la *volupté* qui m'attire. »

6, 15. Rousseau habitait alors à Wootton, dans le Staffordshire.

14, 6. Voir, pour l'histoire des brancards, le chapitre VII de la première partie du *Roman Comique* (page 32 du tome Ier, dans notre édition de la *Petite Bibliothèque Artistique*).

15, 8. Il est peu probable que le juge mage Simon eût moins de deux pieds de haut. Il paraît que dans le premier manuscrit, qui a servi pour l'édition de 1801, Rousseau avait également écrit *deux pieds*, mais qu'il raya plus tard le mot *deux* pour mettre trois au-dessus.

— 10. *Agrandir* ne se dit pas des *personnes*; c'est *grandir* qu'il aurait fallu ici.

42, 24. Var. : « ... tout à fait, *et probablement j'y aurois réussi*. »

61, 22. Les *antonins* étaient un ordre religieux de moines sécularisés.

69, 6. Charles-Emmanuel III succéda, en 1730, à son père Victor-Amédée II, qui avait abdiqué en sa faveur.

76, 22. Les derniers mots de la phrase, mis entre parenthèses, ne se trouvent pas dans l'édition de Genève.

79, 4. Cette étude est la botanique.

— 23. Var. : « Je ne la regardais, *comme font tous le ignorants*, que... »

83, 20. Var. : « ... me maltraitent. *En voyant commencer la décadence de l'Angleterre, que j'ai prédite au milieu de ses triomphes, je me laisse bercer au fol espoir que la nation françoise, à son tour victorieuse, viendra peut-être un jour me tirer de la triste captivité où je vis.* »

87, 20. Var. : « *aux côtés* du front » (locut. genevoise).

102, 16. Var. : « altéré de femmes. »

112, 11. *Plumet* paraît ici singulier ; il semblerait qu'il fallût plutôt *fleuret*, puisqu'il s'agit d'un maître d'armes, et que, celui-ci portât-il un plumet, il est probable qu'il ne le gardait pas pour donner ses leçons. Mais nous avons dû conserver *plumet*, qui se trouve dans toutes les éditions que nous avons consultées, y compris celle de 1793.

116, 21. Var. : « qui *favorisait* toujours. » *Facilitait* est préférable, à cause de *favorable*, qui se trouve dans la ligne précédente, et de *favoriser*, qu'on rencontre six lignes plus loin ; mais cette variante appartient à un texte plus ancien, que Rousseau lui-même a corrigé depuis.

125, 21. Var. : « ... à moi seul. *Pour lui complaire, je prenois ces précieux torche-culs, je les mettois dans ma poche, et je n'y songeois plus que pour le seul usage auquel ils étoient bons.*

126, 8. Var. : « sans que jamais, *comme que j'aie pu m'y prendre* (locut. genevoise), j'aie eu... »

128, 26. *Jephté*, opéra de l'abbé Pellegrin, mis en musique par Monteclaire, fut joué pour la première fois le 4 mars 1732.

131, 29. Var. : « il eut à choisir, *il choisit tout*, et fit... »

134, 9. Contrairement à l'assertion de Rousseau, les *Lettres philosophiques* parurent pour la première fois en 1734, et non pas après la correspondance.

140, 19. Var.: « à son exemple, *et aidé des Récréations mathématiques d'Ozanam,* faire... »

143, 13. Var.: « un des plus vilains hommes, *malgré sa belle figure,* et... »

166, 23. Var.: « les poursuivre *ainsi.* » Ainsi vaut mieux que *chacune à part,* puisqu'on trouve dans la ligne précédente *chacune séparément ;* mais nous avons à faire pour cette variante la même observation que pour celle de la page 116.

183, 22. Ce rêve est raconté dans le livre III (page 165 de notre premier volume).

198, 23. Var.: « ... bonne volonté ; *et, avant de nous séparer, je voulus jouer de ce reste, ce qu'elle endura par précaution contre les filles de Montpellier.* »

211, 8. Var.: « ... toujours pur. *Qu'on mette le bien et le mal dans la balance, et qu'on soit équitable : quelle autre femme, si sa vie secrète étoit manifestée ainsi que la vôtre, s'oseroit jamais comparer à vous ?* »

219, 7. Var.: « Condillac, *du nom de son oncle,* devenu depuis si célèbre. »

221, 26. Var.: « de la brioche. » *J'achetai de la brioche.* Encore... »

Imprimé par D. Jouaust

POUR LA

PETITE BIBLIOTHÈQUE ARTISTIQUE

M DCCC LXXXI

PETITE BIBLIOTHÈQUE ARTISTIQUE

Tirage in-16 sur papier de Hollande, plus 25 Chine et 25 Whatman. — Tirage en GRAND PAPIER (in-8°), à 170 pap. de Hollande, 20 Chine, 20 Whatman.

HEPTAMÉRON de la Reine de Navarre, grav. de FLAMENG. 8 fascicules. *Épuisé.*

DÉCAMÉRON de Boccace, grav. de FLAMENG. 10 fascicules. *Épuisé.*

CENT NOUVELLES NOUVELLES, dessins de J. GARNIER, grav. par LALAUZE ou reprod. par l'héliogravure. 10 fasc.   50 fr.

MANON LESCAUT, grav. d'HÉDOUIN. 2 vol. . .   25 fr.

GULLIVER (VOYAGES DE), grav. de LALAUZE. 4 vol.   30 fr.

VOYAGE SENTIMENTAL, grav. d'HÉDOUIN. . . .   25 fr.

RABELAIS. Les Cinq Livres, grav. de BOILVIN. . .   50 fr.

PERRAULT (CONTES DE), grav. de LALAUZE. 2 vol.   30 fr.

CONTES RÉMOIS, du Comte de Chevigné, dessins de J. WORMS, grav. par RAJON. . . . .   20 fr.

VOYAGE AUTOUR DE MA CHAMBRE, de X. de Maistre, grav. d'HÉDOUIN. . . . .   20 fr.

ROMANS DE VOLTAIRE, grav. de LAGUILLERMIE. Cinq fascicules. . . . .   45 fr.

ROBINSON CRUSOÉ, grav. de MOUILLERON. 4 vol.   40 fr.

PAUL ET VIRGINIE, grav. de LAGUILLERMIE. . .   20 fr.

GIL BLAS, grav. de LOS RIOS. 4 vol. . . . . . .   45 fr.

CHANSONS DE NADAUD, grav. d'ED. MORIN. 3 vol.   40 fr.

PHYSIOLOGIE DU GOUT, grav. de LALAUZE. 2 vol.   60 fr.

LE DIABLE BOITEUX, grav. de LALAUZE. 2 vol. .   30 fr.

ROMAN COMIQUE, grav. de FLAMENG. 3 vol. . .   35 fr.

Sous presse. DAMES GALANTES, MILLE ET UNE NUITS.

NOTA. — *Les prix indiqués sont ceux du format in-16. Les amateurs qui désireront des exemplaires in-8°, ou des exemplaires Chine ou Whatman des deux formats, sont priés de nous demander s'il nous en reste encore.*